O.W. BARTH

Patañjali

Die Wurzeln des Yoga

Die klassischen Lehrsprüche des Patañjali

Durchgehender Kommentar von P.Y. Deshpande

Herausgegeben und aus dem Sanskrit (Sūtren) und dem Englischen (Kommentar) übertragen von Bettina Bäumer

Die englische Originalausgabe erschien 1978
unter dem Titel »The Authentic Yoga« bei Rider, London.

Besuchen Sie uns im Internet:
www.ow-barth.de

Neuausgabe 2010

Ein Imprint der Verlagsgruppe
Droemer Knaur GmbH & Co. KG
Landsberger Straße 346, 80687 München

Einzig berechtigte Übersetzung der Kommentare
aus dem Englischen von Bettina Bäumer
Umschlaggestaltung: ZERO Werbeagentur, München
Druck und Bindung: CPI books GmbH, Leck
ISBN 978-3-426-29122-1

Kontaktadresse nach EU-Produktsicherheitsverordnung:
produktsicherheit@droemer-knaur.de

10 12 13 11 9

Inhalt

Wer dieses schaut, schaut nicht den Tod,
er sieht weder Krankheit noch Leid.
Wer dieses schaut, schaut alles, was ist,
er erlangt alles überall.

Chāndogya Upaniṣad VII, 26,2

Vorwort des Herausgebers

Das Wort Yoga erweckt bei den meisten westlichen Lesern Vorstellungen, die wenig mit dem zu tun haben, was Yoga ursprünglich und eigentlich ist. Es scheint daher notwendig, zu den eigentlichen Wurzeln dieses Phänomens menschheitlicher Spiritualität zurückzukehren. Diese Wurzeln liegen zwar weit vor Patañjali, dem Verfasser der Yoga-Sūtren, aber wir kennen doch keinen anderen Text, der die ursprüngliche Tradition des Yoga so prägnant zusammengefaßt hätte wie die Aphorismen des Patañjali. Von diesem Autor wissen wir nicht viel mehr, als daß er zwischen dem 2. vorchristlichen und dem 4. nachchristlichen Jahrhundert gelebt haben muß. Es ist zweifelhaft, ob er mit dem berühmten Grammatiker Patañjali identifiziert werden kann. Jedenfalls sind seine Sūtren*, die auf ältere Quellen zurückgehen, gewissermaßen Ursprung und Kristallisationspunkt für jede weitere Entwicklung der Praxis und Philosophie des Yoga. Ohne aber hier näher auf Patañjali und seine Sūtren einzugehen, will ich nur kurz auf das Anliegen dieses Buches hinweisen.

Dieses Buch bringt erstens eine vollkommen neue Übersetzung der Sūtren aus dem Sanskrit und zweitens einen neuen Kommentar. Die Idee dazu ist in Gesprächen mit Sri Deshpande am Ufer des Ganges in Benares entstanden, die durch die dynamische Persönlichkeit des Autors immer fruchtbar und bereichernd waren. Sri Deshpande, der sich nach einer intensiven politischen (als Mitarbeiter Mahatma Gandhis), sozialen und kulturellen Tätigkeit ganz auf das spirituelle Gebiet zurückgezogen hat, ging es nach jahr-

* Ein Sūtra ist ein sprachlich aufs äußerste reduzierter Ausspruch oder Merksatz, der eine ganze Lehre oder Tradition zusammenfaßt. Vgl. auch Glossar.

zehntelanger innerer Beschäftigung mit den Yoga-Sūtren darum, die Sūtren rein aus sich heraus zu verstehen und zu interpretieren. Obwohl er tief in der indischen Tradition verwurzelt ist, gehört er nicht zu den bloßen Bewahrern der Tradition, sondern er beleuchtet sie aus der Perspektive einer neuen existentiellen Situation und im Licht seiner persönlichen Erfahrung. Deshalb verzichtet er in seiner Interpretation bewußt darauf, die reiche indische Kommentarliteratur zu den Sūtren heranzuziehen, obwohl er sie kennt und beherrscht. Er beabsichtigt mit seinem Kommentar, diesen klassischen Text des Yoga als Schlüssel zum Verständnis unserer heutigen Situation zu deuten und ihm damit heute gerecht zu werden. Dabei ist er der Überzeugung, daß sich der Kern des existentiellen Problems in zweitausend Jahren kaum geändert hat, nur konfrontiert uns die gegenwärtige geistige Situation mit größerer Dringlichkeit mit der Notwendigkeit einer geistigen Erneuerung, ohne die das eigentliche Überleben des Menschen gefährdet ist. Diese Erneuerung und Verwandlung kann aber nur auf dem Boden des menschlichen Bewußtseins geschehen, und zwar durch seine Befreiung und Loslösung aus der Bedingtheit.

Einer der wichtigsten Unterschiede in Deshpandes Auffassung von Yoga im Vergleich mit früheren Interpretationen besteht darin, daß er Yoga nicht als eine »Unterdrückung« der inneren Vorgänge und Denktätigkeiten interpretiert, wie das Wort *nirodha* im 2. Sūtra meist übersetzt wird, sondern als deren allmähliches Zur-Ruhe-Kommen. Dies ist nicht nur wichtig, weil uns die Psychologie vor den Gefahren der Unterdrückung oder Verdrängung warnt, sondern vor allem, wie er selber sagt, weil Yoga keine Sache der egozentrischen Bemühung oder Anstrengung sein kann. Wenn es darum geht, die eigene, wahre Identität (*svarūpa*) zu entdecken, so kann dies nur durch Loslösung und Befreiung, nicht aber durch gewaltsame Anstrengung geschehen. *Samādhi*, der Zustand der Versunkenheit, ist gerade das Gegenteil jeder bewußten »Unterdrückung«.

In dem Zusammenhang spricht Deshpande von der »Freiheit vom Wählen«, was manchem abendländischen Leser vielleicht Schwierigkeiten bereiten wird. Unter »Wählen« versteht er jede geistige Tätigkeit, die vom Wunsch oder der Begierde angetrieben ist und die sich unter dem Zwang des Wählenmüssens verzettelt und so das Ganze aus den Augen verliert. Absolute Losgelöstheit oder Gelassenheit (*kaivalyam*) ist das yogische Ideal der Freiheit, das auch seine Entsprechungen in der christlichen Mystik hat. Dieser Hinweis möge aber genügen als Hinführung zu dem Kommentar und um mögliche Mißverständnisse zu vermeiden.

Was die Sūtren-Übersetzung betrifft, so ging es darum, einerseits so nahe wie möglich am Sanskrit-Original zu bleiben und andererseits auf Verständlichkeit abzuzielen. Wenn man beidem gerecht werden will, muß manchmal das eine, manchmal das andere leiden. Allzu wörtliche Übersetzungen wären meist unverständlich, aber eine allzu freie Übertragung, die den harten Kern der Sūtren zugunsten einer leichten Lesbarkeit aufweichen würde, würde dem Text nicht gerecht. Es wurde auch vermieden, viel zu dem knappen, aphoristischen Stil der Sūtren hinzuzufügen, was leicht zu einer einseitigen Festlegung der Bedeutung führen kann. Es wird daher vom Leser eine gewisse Anstrengung verlangt, die nicht unähnlich ist der Anstrengung des indischen Yoga-Schülers: Er muß einerseits die Sprache der Sūtren verstehen und andererseits meditativ in ihren Sinn eindringen. Gerade die Knappheit der Sūtren bietet sich für ein meditatives Eindringen an, das sich nicht von unnötigen Theorien und Spekulationen ablenken läßt. Natürlich läßt sich dieser typische Sanskrit-Stil in keiner europäischen Sprache adäquat wiedergeben. Ein indisches Sprichwort besagt, daß sich ein Sanskrit-Gelehrter (Pandit) mehr darüber freut, in einem Satz eine Silbe wegzulassen (ohne den Sinn zu verkürzen), als über die Geburt eines Sohnes!

Die Übersetzung der Sūtren mußte sich natürlich, vor allem in der Auswahl der Begriffe, dem Kommentar Deshpandes anpassen. Wo ich nicht ganz mit seiner Interpretation übereinstimmte, mußte ich mich nach seinem Kommentar richten und konnte nur in einer Anmerkung meine alternative Übersetzung wiedergeben. Im allgemeinen war es nicht immer möglich, einen Sanskrit-Begriff immer mit demselben deutschen Wort wiederzugeben. Ein Wort wie *citta* z. B. (und auch dessen englische Übersetzung *mind*) kann weder immer mit »Geist« noch mit »Denken« übersetzt werden. Je nach dem Zusammenhang mußte es manchmal mit »Bewußtsein« und sogar »Psyche« u. a. übersetzt bzw. durch »seelisch-geistig« oder »psycho-mental« umschrieben werden, weil der Sanskrit-Begriff alle diese Schattierungen enthält. *Puruṣa* mußte einmal, in bezug auf Gott, mit »Geistwesen« übersetzt werden, an anderen Stellen als »innerer Mensch« oder »ursprünglicher Mensch« oder, wie es Deshpande tut, als »das Menschliche im Menschen«. Da keine dieser Umschreibungen (auch nicht »Seele« oder »Geist«) den umfassenden Begriff des *puruṣa* einholen kann, wurde dieser jeweils in Klammern hinzugefügt. Das Glossar soll dazu dienen, die Lektüre zu erleichtern und gleichzeitig die anderen möglichen Bedeutungen der Begriffe anzugeben, die die Bedeutungsbreite und -tiefe dieser Worte deutlich machen.

Der Sanskrit-Text wurde in der international üblichen Transkription beigegeben. Bei den Sanskrit-Worten, die im Kommentar verwendet werden, weil die Übersetzung nie ganz befriedigt, wurde auf die Nominativ-Endungen verzichtet.

An dieser Stelle sei allen Freunden gedankt, die mir mit Kritik, Rat und Hilfe beigestanden haben, vor allem Prof. Raimundo Panikkar, P. Emmanuel Jungclaussen, Frau Dozent Eva Dargyay und nicht zuletzt Frau D. S. Hoffmann.

»Möge mein Wort fest in meinem Geist gegründet sein,
möge mein Geist fest in meinem Wort gegründet sein!
Möge das Offenbare mir offenbar werden!«
(Aitareya Upaniṣad, Śāntimantra)

Bettina Bäumer

Einführung

Patañjalis Yoga-Sūtren sind leider in der ganzen Welt zu bekannt geworden; denn wird eine Sache zu bekannt, so bedeutet das meist, daß sie unbekannt bleibt. Wenn man meint zu wissen, was die Yoga-Sūtren ursprünglich bedeutet haben oder vermitteln wollten, dann setzt man dieses Wissen in eins mit der Erfahrung der Wahrheit oder Wirklichkeit. Das Wissen wird zum Gewußten – d. h. zu dem, was tot und vergangen ist. Die Yoga-Sūtren beschäftigen sich aber nicht mit dem Wissen, sondern mit der Schau, die immer gegenwärtig ist. Die Schau hat weder mit der Vergangenheit noch mit der Zukunft zu tun. Der Geist, der in die Zeitlichkeit verstrickt ist, in die endlose Folge von Vergangenheit, Gegenwart und Zukunft, ist ein Geist, der in die Irre geht. Er stellt sich als Hindernis vor die Wahrnehmung dessen, »was ist«, von Augenblick zu Augenblick. Die Befreiung des Geistes aus den Fesseln der Zeitlichkeit, die in eine innere Ruhe mündet, ist eine notwendige Bedingung für die Schau der Wahrheit, die die Yoga-Sūtren zu vermitteln trachten. Aus diesem Grund bleiben die Yoga-Sūtren, obwohl sie schon zu bekannt geworden sind und in viele Sprachen der Welt übersetzt wurden, immer noch dunkel und bedürfen von Zeit zu Zeit einer Wiederentdeckung und einer neuen Deutung.

Das vorliegende Buch will zu einem Verständnis des Yoga verhelfen, wie wir ihn in Patañjalis Yoga-Sūtren dargestellt finden. Es schlägt dabei einen neuen Weg der Untersuchung ein, indem es den Yoga Darśana aus sich heraus zu verstehen sucht, ohne Anlehnung an andere Kommentare und ohne auf einen Vergleich mit anderen Philosophien (*darśana*) oder Disziplinen einzugehen.

Über den Verfasser der Sūtren, Patañjali, und über seine Zeit wissen wir so gut wie nichts*. Als bedeutendster und ältester Kommentar gilt der von Vyāsa, der vor ungefähr 1500 Jahren geschrieben wurde. Er ist nur bis zu einem gewissen Punkt nützlich für das Verständnis der Sūtren. Aber darüber hinaus ist er mehr hinderlich als hilfreich. Der Grund dafür scheint darin zu liegen, daß sein Verhältnis zu Yoga mehr doktrinär und kategorisch ist, statt von der Erfahrung auszugehen. Yoga ist keine Lehre oder ein strenges philosophisches System. Worum es im Yoga geht, ist einzig und allein, einen Schlüssel zu liefern für das Verständnis des Bewußtseins, dessen verwirrende Tätigkeit den Menschen daran hindert, die Dinge wahrzunehmen, wie sie sind, sowohl innerlich wie äußerlich. Er lenkt die Aufmerksamkeit des Menschen auf die Notwendigkeit, selbstgeschaffene Hindernisse auf dem Weg zur reinen Schau zu entfernen. Er zeigt uns einen Weg, uns in einem Bewußtseinszustand zu verwurzeln, in dem allein die Wirklichkeit ihre leuchtende Herrlichkeit offenbart.

Die Tatsache, daß Patañjali, der Autor der Yoga-Sūtren, es nicht für notwendig erachtet hat, die prägnanten Sūtren zu erklären oder auszuführen, läßt Raum frei für die Vermutung, daß jeder, der sie verstehen will, darüber meditieren und ihre innere Bedeutung selbst entdecken muß. Die einzelnen Sūtren sind wesentliche Bestandteile eines Ganzen, des Yoga Darśana, wie der Titel des Buches besagt. Das Wort *darśana* bedeutet Sicht, Schau, Ansicht, Vision. Es bedeutet auch Spiegel. Wir brauchen keinen Spiegel, um einen äußeren Gegenstand zu sehen. Wir sehen ihn mit unseren Augen. Aber wir können unser eigenes Gesicht und unsere eigenen Augen nicht sehen. Dazu brauchen wir einen Spiegel. Vielleicht sind auch unsere Augen nichts anderes als ein Spiegel, in dem sich die äußere Welt reflektiert. Das »Auge«, das diese Welt sieht, ist »das Auge der Augen«, von dem wir so gut wie nichts wissen. Die Schau dieses inneren Auges oder der wirkliche »Sehende« ist das, was mit dem Wort *darśana* gemeint ist.

Dieses »Auge der Augen« kann nur der »Sehende« sein, nie das

* Anm. d. Übers.: Eliade gibt die Zeitspanne zwischen dem 2. vorchristlichen und dem 4. nachchristlichen Jh. an.

»Gesehene«, das Wahrgenommene, das Erkannte. Der Mensch kann sich nur dieses »Auges der Augen« bewußt sein, aber er kann nie etwas darüber »wissen«. Denn das Wissen wird zu dem Gewußten, aber das Sehen wird nicht zu dem Gesehenen oder Wahrgenommenen. Der Sehende muß immer reine, sehende Bewußtheit bleiben und darf nie zu dem Gesehenen werden. Wenn dies nicht die existentielle Situation des Menschen wäre, wäre er nie fähig, etwas zu erkennen oder zu verstehen. Um zu verstehen, müssen der Sehende und das Gesehene immer getrennt bleiben als zwei unterschiedene und grundlegende Gegebenheiten unseres Daseins. Sie dürfen nie miteinander verwechselt werden. Wenn diese grundlegende Unterscheidung nicht in unserem Bewußtsein aufrechterhalten bleibt, und zwar unser Leben lang, dann wird das Ergebnis die Verschmelzung der beiden sein, die nur endlose Verwirrung, Elend und Chaos stiftet. Genau das ist es, was die Sūtren klar darlegen.

Der Titel »Yoga Darśana« weist auf eine Schau oder eine Vision hin, die nicht durch die physischen Augen erreicht werden kann. Sie kann nur erlangt werden durch einen Daseinszustand, »Yoga« genannt – daher »Yoga Darśana«. Dies ist das zentrale Thema von Patañjalis Buch. Die Sūtren müssen daher als wesentliche Bestandteile dieser Schau, dieses Darśana, betrachtet werden. Außerhalb dieses Wesensganzen, des Darśana, können die Sūtren die verschiedensten Interpretationen erfahren, die nur zu einer endlosen Verwirrung führen.

Dies läßt uns fragen, wie wir die Yoga-Sūtren zu betrachten haben, was unser grundlegender Ansatz des Verständnisses dieser Sūtren ist, wenn wir uns der Tatsache bewußt sind, daß Yoga ein Darśana, eine Wirklichkeitsschau, ist.

Zunächst beschränken wir uns nur auf die Yoga-Sūtren, ohne uns auf irgendeine andere Autorität zu beziehen. Dies verlangt eine neue und freie Erforschung dessen, was Patañjali durch die Worte, die er gebraucht, mitteilen will. Es geht nicht darum, die Worte zu verstehen, sondern das, worauf die Worte hinweisen. Wir müssen uns in der Richtung bewegen, in die die Worte weisen, und sie dabei zurücklassen. Dies bedeutet eine Entdeckungsreise, die jeder für sich selbst machen muß. Eine solche Annäherung an den Yoga Darśana und die Sūtren verlangt daher Selbsterforschung und ein Verstehen mittels Selbstentdeckung. Einige Sūtren sprechen es deutlich aus, z. B. wird das Wort »Yoga« definiert als *citta-vṛtti-nirodha*, d. h. als ein Bewußtseinszustand, in dem die psycho-mentalen Vorgänge zur Ruhe kommen (I 2). Dieses Anhalten der Bewegungen des Bewußtseins (*nirodha*) kommt zustande mit Hilfe von Übung (*abhyāsa*) und Verzicht (*vairāgya*) (I 2). *Vairāgya* bedeutet die totale Enttäuschung, Desillusionierung bezüglich vergangener Erfahrungen und ihrer Versprachlichung als Instrumente der Wahrheits- oder Wirklichkeitserkenntnis, und von daher ihr Aufgeben im Sinne des Yoga. Anderswo heißt es, daß es allem Wissen, aller Erkenntnis, die durch Worte erlangt wird, an Substanz und objektiver Wirklichkeit mangelt. Eine solche »Wort-Erkenntnis« ist nur fruchtlose Vorstellung (I 9).

Yoga verlangt daher, daß man, wenn man Ernst damit machen will, das Wesen und die Struktur der Welt zu verstehen, in der man sein Dasein hat, sich nicht auf Worte und Erfahrungen verlassen darf, ob diese nun von einem selbst oder von anderen stammen, und daß man in einem Zustand verweilen soll, in dem die vorstellende Bewegung des Denkens zur Ruhe gekommen ist. In diesem außergewöhnlichen Zustand herrscht nichts außer einem intensiven Bewußtsein dessen, was ist, innerlich und äußerlich, von Augenblick zu Augenblick. Nur in einem solchen inneren Zustand wird die Schau der Wahrheit oder Wirklichkeit möglich. Logisches oder vorstellendes Denken hat keinen Platz in dieser reinen Schau. Denken und Vorstellung müssen aufhören, um der reinen Schau Platz zu machen.

Yoga ist eine grundlegende Disziplin, eine wesentliche Voraussetzung für jede religiöse, spirituelle oder mystische Erfahrung der Wahrheit, Gottes oder der Wirklichkeit. Die Religion ohne ein religiöses Bewußtsein ist wie ein Körper ohne Leben oder Seele. Ein religiöses Bewußtsein ist ein Bewußtsein, das die konditionierte Psyche mit all ihren Verzweigungen in ihrem Wesen und ihrer Struktur durchschaut hat und das sich im selben Moment von allen Rückständen entledigt hat. Es ist ein Bewußtsein, das der existentiellen Situation ins Auge sieht, indem der Mensch durch die Disziplin des Yoga eine neue Lebensweise beginnt. Wahrheit, Gott oder Wirklichkeit müssen immer leere Worte ohne jede Bedeutung bleiben, wenn sie nicht mit Yoga und mit der Klarheit der Schau verbunden sind, die daraus entspringt. Die Wirklichkeit ist nicht einfach das, was ist. Sie ist eine schöpferische Tat, die das, was ist, transzendiert. Ohne eine solche Transzendenz bleibt der Mensch ein bloßes Tier ohne jedes Bewußtsein *dessen*, was alle Wesen belebt. Keine Analyse mit Hilfe von Instrumenten, seien sie gedanklich oder technisch, wird je imstande sein, auf den Analysierenden, den Menschen, Licht zu werfen. Letztlich geht es aber um den Menschen, und der Mensch und sein Bewußtsein sind der Gegenstand von Patañjalis Yoga Darśana.

Über Yoga zu schreiben, ist ein Wagnis. Es ist doppelt riskant wegen des Sūtren-Stiles, den der große Autor verwendet hat. Ein Sūtra, sagen die Weisen der alten Zeit, ist jenes Kommunikationsmittel, in dem eine universale Wahrheit in so wenig Worte wie nur möglich zusammengedrängt wird, es ist von kristallener Klarheit, die von dem Zahn der Zeit unberührt bleibt. Aus diesem Grund hat wahrscheinlich Patañjali nie daran gedacht, den Yoga-Sūtren irgendeinen Kommentar oder erklärende Anmerkungen hinzuzufügen. Die Sūtren sollen daher vielmehr Gegenstand der Meditation als eines Kommentars sein. Dieses kleine Buch ist die Frucht von Jahren der Meditation mit den Sūtren als Ausgangspunkt. Sein wichtigstes Anliegen ist, die Aufmerksamkeit auf das zentrale Thema der Yoga-Disziplin zu lenken, das in der Erkenntnis der Wahrheit besteht, die dem Dasein und der Lebensweise des Menschen zugrunde liegt. Wenn das Buch diese Absicht vermittelt, dann kann es beiseite gelegt werden, und der Leser kann seiner eigenen Meditation überlassen werden, um die verborgenen Wunder des Yoga zu entdecken, die keine Grenzen kennen. Der wirkliche Yoga ist eine sich selbst korrigierende und ewig schöpferische Disziplin voller unendlicher Möglichkeiten.

Der Text ist von Patañjali selbst in vier Teile gegliedert. Der erste handelt von *samādhi* – einem Zustand, in dem das Ich, das Ego, zu einem Punkt reduziert ist, der eine Stellung hat, aber keinen Umfang, eine Wesenheit ohne Attribute, und andererseits einer Schau der Wirklichkeit in ihrer leuchtenden Herrlichkeit. Der zweite Teil handelt von einem Vorgang, genannt *sādhana*, der einerseits zum Verständnis des *samādhi* hilft und andererseits alle inneren Spannungen beseitigt. Dieser Vorgang, der auch *pratiprasava*, »Gegen-Schaffung«, genannt wird, legt die yogische Lebensweise dar, die aus acht Gliedern besteht (*aṣṭāṅga-yoga*, die Blüte des Yoga aus acht Blütenblättern). Der dritte Teil beschäftigt sich mit der Entstehung wunderbarer Kräfte, genannt *vibhūti* oder *siddhi*, die die Aufmerksamkeit vom *samādhi* ablenken und deshalb Hindernisse sind für die Entfaltung des Menschen zu einem Yogi. Der vierte und letzte Teil handelt von der völligen Freiheit, genannt *kaivalya*.

Der I. und der IV. Teil sind in sich abgeschlossen. Diejenigen, die das Wesen des Yoga in einem meditativen Verständnis dieser beiden Teile erfassen, können leicht vorwegnehmen, was in den Teilen II und III dargelegt wird. Diese Teile sind für solche gedacht, die zwar ein Gefühl für den Inhalt des I. Teils bekommen, die aber immer noch in ihre konditionierte Denk- und Lebensweise zurückfallen.

Um das Verständnis zu erleichtern, sind die Sūtren innerhalb jedes Teils in kleine Gruppen zusammengefaßt, von denen jede einen Aspekt beleuchtet, ähnlich einem Meilenstein auf dem langen und beschwerlichen Weg des Yoga.

Ich schließe diese Einführung mit einem Gefühl der Dankbarkeit einigen Freunden gegenüber, die mir auf viele Weisen geholfen haben. Sie würden es vorziehen, im Interesse des Yoga anonym zu bleiben. Selbst der Name, der als Autor dieses Buches aufscheint, hat keine besondere Bedeutung. Er ist nur ein Zugeständnis an gesellschaftliche Gepflogenheiten, für das er um Entschuldigung bittet.

P. Y. Deshpande

Yoga Darśana

Teil I
Über die Versenkung: Samādhi Pāda

A Die Disziplin des Yoga
(Sūtren 1–4)

1 *atha yoga-anuśāsanam.*
Nun (folgt) die Disziplin des Yoga.

2 *yogaś citta-vṛtti-nirodhaḥ.*
Yoga ist jener innere Zustand, in dem die seelisch-geistigen Vorgänge zur Ruhe kommen.

3 *tadā draṣṭuḥ svarūpe'vasthānam.*
Dann ruht der Sehende in seiner Wesensidentität.

4 *vṛtti-sārūpyam itaratra.*
Alle anderen inneren Zustände sind bestimmt durch die Identifizierung mit den seelisch-geistigen Vorgängen.

KOMMENTAR

Diese vier Sūtren geben uns den eigentlichen Kern des Yoga. Sie nennen uns die grundlegenden Voraussetzungen der Disziplin, die der Yoga ist – *yogānuśāsanam*.

Das Wort *anuśāsanam* kommt von der Wurzel *śas* mit der Vorsilbe *anu*. *Śas* bedeutet lehren, unterrichten, und *anu* »nach«. Der Yoga-Lehre »nachgehen«, heißt, über Yoga zu lernen. Eine gewisse Disziplin, eine aufmerksame Nüchternheit gehören immer zum Lernen. Man kann nichts ohne Aufmerksamkeit lernen. Und Aufmerksamkeit erfordert Ruhe und Freisein von Zerstreuungen. Nur wenn man in einem solchen inneren Zustand ist, wird Lernen möglich. Darin besteht die erste Voraussetzung für die Disziplin des Yoga.

Aber anhaltende Aufmerksamkeit ist nicht leicht zu erreichen. Und ohne sie kann man nicht der Yoga-Lehre »nachgehen«. Daher wird etwas mehr verlangt. Dieses »etwas« wird durch das erste Wort *atha* angedeutet. *Atha* bedeutet den Anfang. Die Überlieferung schreibt diesem Wort noch eine weitere Bedeutung zu. Sie besagt, daß das Wort *atha* am Anfang jedes Textes verwendet wird, um den Segen der Götter anzurufen. Aber wir sprechen nicht zu Menschen, die der Überlieferung verhaftet sind, sondern zu dem Menschen schlechthin, zu dem menschlichen Wesen, unabhängig von seiner Vergangenheit. Eben das tun auch die Yoga-Sūtren.

Wörtlich übersetzt bedeutet *atha* »und nun« oder »hier«, »jetzt«. »Jetzt«, »und nun« oder »hier nun« setzt etwas voraus, was vor diesem »Nun« lag. Das, was davor lag, bis zu diesem »Nun«, muß aufhören, damit man bereit ist, das Neue zu lernen, das einem begegnet. Dieses Neue ist Yoga. Er verlangt einen völligen Bruch mit der Vergangenheit, wie es in den folgenden Sūtren deutlich werden wird. Es ist so, als hätte man schon alle die verschiedenen Disziplinen durchlaufen, die sozialen, wissenschaftlichen, moralischen, philosophischen und religiösen – und am Ende findet man sich in einem Zustand der völligen Enttäuschung, Desillusionierung. So gerät man in einen Zustand des Nichtwissens. Dieser Zustand ist in dem Wörtchen *atha* enthalten und mitgemeint. Nur wenn man sich in einem solchen Zustand des Nichtwissens befindet, in dem die Vergangenheit sinnlos geworden ist und die Zukunft ein ewiges Fragezeichen darstellt, wird es möglich, einen wachen Zustand der Aufmerksamkeit aufrechtzuerhalten, der notwendig ist, um das Neue, das heißt Yoga, zu lernen.

Das Wesen jener Vergangenheit, die in diesem Zustand sinnlos wird, ist in Sūtra 4 beschrieben: *vṛtti-sārūpya*. Diese Identifizierung mit den seelisch-geistigen Vorgängen, mit der Bewegung des

Denkens, stellt die Vergangenheit in ihrer Totalität dar. Wenn man immer noch an der Vergangenheit hängt, aus der man Hoffnung auf die Zukunft projiziert, wird man nie fähig sein, eine sinnvolle Beziehung zu Yoga herzustellen.

Im 2. Sūtra wird Yoga mit drei Worten gleichgesetzt: *citta*, *vṛtti* und *nirodha*. Keines dieser Worte wird in den Sūtren erklärt oder definiert. Deshalb muß ihre Bedeutung dem jeweiligen Zusammenhang entnommen werden.

Das Wort *citta* kommt von der Wurzel *cit*, die bedeutet »sehen, beobachten, erkennen«. *Citta* ist das Passivpartizip der Vergangenheit des Verbes *cit*, es bedeutet daher »das Gesehene, das Beobachtete, das Erkannte« – d. h. das, was man in der Vergangenheit erfahren hat, und von daher das Organ des Denkens, auch das Bewußtsein.

Das Wort *vṛtti* ist abgeleitet von der Wurzel *vṛt*, die bedeutet »wählen, vorziehen«; auch »sich drehen, bewegen«. *Vṛtti* bedeutet daher die Form, die das Wählen im Bewußtsein nimmt, und den fluktuierenden Strom des Bewußtseins.

Das Wort *nirodha* ist zusammengesetzt aus *rodha* mit der Vorsilbe *ni*. *Rodha* stammt von einer Wurzel *rudh*, die bedeutet: »hindern, aufhalten, anhalten«. Und die Vorsilbe *ni* bedeutet »verlangsamen«. *Nirodha* bedeutet also das Verlangsamen der wählenden Bewegung des Denkens (*citta-vṛtti*) und ihr allmähliches Zur-Ruhe-Kommen, was von selbst geschieht.

Keiner der Kommentare hat sich bemüht, den Wurzelbedeutungen der Worte *citta*, *vṛtti* und *nirodha* nachzugehen. Sie folgen alle Vyāsa, der seinerseits die traditionellen oder konventionellen Bedeutungen übernommen hat. Aber es ist eine Tatsache, daß der Yoga sich gegen die konventionelle Bedeutung von Worten wendet. Er verwirft sogar vergangene Erfahrungen und ihre Versprachlichung (I 15). Daher sind die Wurzelbedeutungen den konventionellen vorzuziehen, wenn man es mit Worten zu tun hat, die die Sūtren selbst nicht definieren oder erklären. Da Yoga mit *citta-vṛtti-nirodha* gleichgesetzt wird, ist die genaue Bedeutung dieser Worte von größter Wichtigkeit.

Die Yoga-Sūtren verwenden manchmal die Wurzel *vṛt* oder *vṛ* mit der Bedeutung »wählen, vorziehen«. Das Wort *vṛtti* bedeutet u. a. auch das Wählen. *Vṛtti* ist eine Bewegung, die von der Neigung des Menschen, zu wählen und zu entscheiden, in Gang gesetzt wird. Wählen setzt Freiheit voraus. Aber ein Wählen, das sich mit dem Gewählten identifiziert, stellt eine Begrenzung der Freiheit dar, in der sie zu einer Tätigkeit wird, die von vergangenen Eindrücken des Gemütes oder der Gehirnzellen ausgelöst wird. Echte und sinnvolle Freiheit darf aber nie von der Vergangenheit bestimmt werden. *Vṛtti* ist aber eine Tätigkeit, die in den festen Bahnen der Gewohnheit und Konvention abläuft und die daher der Vergangenheit verhaftet ist.

Die Freiheit von dem schon Bekannten, Gewußten, von der Vergangenheit ist eine weitere Bedingung für ein rechtes Verständnis der Disziplin des Yoga. Die Freiheit von dem Gewußten, von der Vergangenheit bringt eine Freiheit von dem vorstellenden Wählen mit sich. Wählen bedeutet, sich in Vorstellungen zu bewegen. Die Wahl setzt ein Auswählen zwischen zwei oder mehr Alternativen voraus, die sich in einer gegebenen Situation anbieten. Eigentlich bietet die gegebene Situation nichts als Tatsachen an, keine Alternativen, sondern nur Tatsachen. Nur das Denken (*citta*), das von der Vergangenheit konditioniert ist und aus angeborenen Neigungen und Abneigungen besteht, schwankt, wenn es mit einer neuen Situation konfrontiert wird. Und es ist dieses Schwanken des Geistes, das die Vorstellung auslöst, die wieder zurückführt zu eingefleischten Neigungen und Abneigungen (s. o.). Diese vorstellende, wählende Tendenz gefällt sich darin, jene Aspekte der gesamten tatsächlichen Situation auszuwählen, die ihren angeborenen Neigungen entsprechen, und jene zu verwerfen oder zu ignorieren, die ihren angeborenen Abneigungen entsprechen. Dieses Vorziehen des Angenehmen und Abstoßen des Unangenehmen macht die wählende Tätigkeit des Geistes aus. Er gründet immer auf der Erinnerung bzw. auf der erinnerten Vergangenheit.

Die Freiheit von der Vergangenheit bedeutet daher nichts anderes als Freiheit von dem vorstellenden Wählen. Das Wählen selbst setzt die Freiheit zu wählen voraus. Aber diese Freiheit wird beeinträchtigt durch die erinnerte Vergangenheit, die den Geist gefangenhält – die Gefangenschaft seiner eigenen Neigungen und Abneigungen. Daher muß Freiheit, um wahr, existentiell und sinnvoll zu sein, notwendig nicht nur Freiheit zu wählen, sondern auch Freiheit, nicht zu wählen, sein. Die Tat der Freiheit, die in endlosem Zwang zu wählen gefangen ist, ist eine verfehlte Tat, die die Freiheit verleugnet, aus welcher sie ursprünglich entstanden ist. Gefangen im endlosen Wählenmüssen, das er von Zeit zu Zeit abwandelt, um seine kleinen Neigungen und Abneigungen zu befriedigen, findet sich der Mensch eingeschlossen in einer selbstgeschaffenen Bedingtheit, aus der er keinen Ausweg weiß.

Der moderne Mensch ist sich schmerzlich bewußt, daß jede Tat, die auf einer Wahl beruht, sich selbst aufhebt, daß jeder tiefe Gedanke einen anderen hervorruft, der ihm widerspricht, und daß jede Revolution unvermeidlich zu einer Gegenrevolution führt. Die Frage ist die: Gibt es eine Handlung, die sich nicht selbst aufhebt? Der Yoga sagt: Ja, es gibt sie. Und zwar ist es die negative Tat des Nicht-Wählens. Wenn es eine Freiheit gibt, die den Menschen befähigt zu wählen, dann muß dieselbe Freiheit ihn auch befähigen, »nicht zu wählen«. Die Freiheit wäre sinnlos, wenn sie nur dazu führte, daß man in ewigem Zwang, sich entscheiden zu müssen, gefangen bleibt, was den Menschen nur in Konflikt, Chaos und Elend bringt.

Daher sagt der Yoga: Höre auf zu wählen und sieh, was geschieht. Wie ein hölzernes Rad sich so lange weiterbewegt, als es angeschoben wird, ebenso hält auch die vorstellende und wählende Bewegung des mentalen Rades so lange an, als die wählende Tätigkeit des Menschen als Anstoß dient. Andererseits, ebenso wie ein hölzernes Rad, das sich in Bewegung befindet, sich allmählich verlangsamt und schließlich von selbst zum Stillstand kommt, wenn es nicht mehr angeschoben wird, so wird auch das Rad des Geistes, wenn der Mensch aufhört zu wählen, sich von selbst verlangsamen und schließlich stillstehen.

Das besagt das Wort *nirodha*. Es bedeutet nicht eine willentliche Kontrolle der *vṛttis* oder ihre Unterdrückung oder Verdrängung. Sowohl willentliche Kontrolle wie Unterdrückung oder Verdrängung ergeben notwendig eine Störung, wenn nicht die Zerstörung der Psyche. Denn jeder egozentrische Akt des Menschen, der schon in *vṛtti-sārūpya* gefangen ist, wodurch sein Geist konditioniert ist, läuft darauf hinaus, daß er seine Freiheit auf dieselbe alte Weise ausübt, d. h. in Form des Wählens. Dadurch kann nie die Stillegung, *nirodha*, entstehen, sondern es kann nur den Tod der Psyche hervorrufen, wenn der Druck der Willenskontrolle, der Unterdrückung oder Verdrängung über das Erträgliche hinaus weiter ausgeübt wird. Folglich ist die einzige Alternative, die sich dem Menschen stellt, seine Freiheit auszuüben, indem er nicht wählt. Nach diesem Akt des Nicht-Wählens wird das in der Vergangenheit angetriebene Rad des Geistes beginnen, sich zu verlangsamen und von selbst zur Ruhe kommen. Das ist *nirodha* im Sinne des Yoga.

Was geschieht, wenn der Mensch die Wahrheit und die Unwahrheit erkennt, die das Wählen mit sich bringt, und er entscheidet sich im Licht dieser neuen Erkenntnis, nicht zu wählen? Sūtra 3 sagt: »Der Seher gründet sich in seiner Wesensidentität.« Was ist diese wesenhafte, existentielle Identität (*svarūpa pratiṣṭhā*, angedeutet durch *svarūpe'vasthānam* in Sūtra 3)? Der Mensch ist nach dem Yoga mehr als ein bloßes sehendes Wesen (II 20), und doch ist er, weil er von der Vergangenheit bestimmt ist, versucht, durch die Brille seiner Erfahrungen hindurch zu sehen. Die Erfahrung gehört immer der Vergangenheit an. Wenn er mit einer tatsächlichen Situation konfrontiert ist, verwandelt der Mensch den reinen Akt des Sehens in einen ichbezogenen Akt der Erfahrung, gesiebt durch die erinnerte Vergangenheit. Er muß das, was er hier und jetzt sieht, in die Struktur des Wiedererkennens, das er sich aus vergangenen schmerzlichen oder erfreulichen Erfahrungen konstruiert hat, einordnen. Dieses Einordnen des hier und jetzt Gesehenen in die Struktur des Wiedererkennens, das immer von der Vergangenheit bedingt ist, bedeutet, durch die gefärbten und gebogenen Brillen vergangener Erfahrungen zu sehen. Dies ist eine Verzerrung des reinen Sehens und dabei eine Entfremdung des Menschen von seiner wesenhaften Identität (*svarūpa*). Es ist eine Verzerrung und Degradierung des wesenhaften Existentiellen zugunsten des bloß Ideellen.

Sūtra 4 faßt diese Verzerrung und Degradierung des »Menschlichen« im Menschen in einem Wort zusammen: *vṛtti-sārūpya*. Wenn der Mensch vom existentiellen Sehen ins vorstellende Wählen abgleitet, landet er in *vṛtti-sārūpya*, wodurch er Spannungen, Konflikte, Elend und Chaos hervorruft. Andererseits, wenn der Mensch in aller Demut anerkennt, daß er nichts über das Leben und die Wirklichkeit weiß und sich für das Nicht-Wählen entscheidet, dann bleibt er in seiner Wesensidentität begründet, die sich zur vollkommenen Freiheit und Kreativität entfaltet. In beiden Fällen handelt es sich ursprünglich um ein Ausüben der Freiheit. Wenn man seine Freiheit ausübt, indem man wählt, bleibt man auf die Erfahrung ausgerichtet, die in der Vergangenheit verhaftet bleibt. Andererseits, wenn man seine Freiheit im Nicht-Wählen ausübt, geht man auf das Sehen zu, auf das Wahrnehmen, und damit bewegt man sich in die Richtung auf das Sich-Gründen in einer zeitlosen Dimension. In beiden Fällen handelt es sich ursprünglich um *citta-vṛtti*. Der einzige Unterschied ist, daß im Wählen, das von der Vergangenheit bestimmt ist, die Bewegung der *vṛttis* unweigerlich in Spannungen endet und in endloses Elend mündet, während wenn man sich für das Nicht-Wählen entscheidet, die Bewegung der *vṛttis* dahin tendiert, sich zu verlangsamen und von allen Spannungen befreit zu werden. Letztlich löst sie sich in die Ruhe der totalen Freiheit und der aufmerksamen Handlung auf, die allein schöpferisch ist.

Im Grunde ist alles eine Frage der Identität, die sich von sich selbst entfremdet oder in sich selbst gründet. Yoga zeigt den Weg der letzteren. Der Yoga scheint sozusagen dem Menschen ins Ohr zu flüstern: Entscheide dich frei für die Disziplin des Yoga oder höre auf, als *homo sapiens* auf dieser schönen Erde zu existieren.

B Die fünffachen seelisch-geistigen Vorgänge
(Sūtren 5–11)

5 *vṛttayaḥ pañcatayyaḥ kliṣṭa-akliṣṭāḥ.*
Es gibt fünferlei seelisch-geistige Vorgänge, (und sie sind entweder) leidvoll oder leidlos.

6 *pramāṇa-viparyaya-vikalpa-nidrā-smṛtayaḥ.*
(Und zwar die folgenden:) Gültiges Wissen, Irrtum, Vorstellung, Schlafbewußtsein und Erinnerung.

7 *pratyakṣa-anumāna-āgamāḥ pramāṇāni.*
Das gültige Wissen besteht aus direkter Wahrnehmung, Schlußfolgerung und Überlieferung (das ist Erkenntnis, die auf der Autorität heiliger Schriften beruht).

8 *viparyayo mithyā-jñānam atadrūpa-pratiṣṭham.*
Irrtum ist eine verkehrte Erkenntnis, die sich auf etwas gründet, was dem Wesen der Sache nicht entspricht.

9 *śabda-jñāna-anupātī vastu-śūnyo vikalpaḥ.*
Vorstellung (*vikalpa*) ist eine Erkenntnis, die bloß auf Worten beruht, die bar jeder Wirklichkeit sind.

10 *abhāva-pratyaya-ālambanā vṛttir nidrā.*
Der Schlaf ist ein Bewußtseinszustand (*vṛtti*), in dem der Gegenstand der Wahrnehmung abwesend ist.

11 *anubhūta-viṣaya-asaṃpramoṣaḥ smṛtiḥ.*
Die Erinnerung ist das Nicht-Abhandenkommen von (früher) erfahrenen (Sinnes-)Gegenständen.

KOMMENTAR

Jeder seelisch-geistige Vorgang oder das Auftauchen jeder Welle in dem stillen Wasser des Bewußtseins ist eine *vṛtti*. *Vṛtti* ist der in Tätigkeit befindliche Geist, die Quelle aller Erfahrung und Erkenntnis. Im Grunde sind *vṛtti*, Erkenntnis und Erfahrung, nur Schattierungen derselben Sache. Ursprünglich, zu einer dem Menschen unbekannten Zeit, entstand der Geist als ein Ergebnis der Evolution der Natur. Dieser natürliche »Geist-Stoff« ist allen Gattungen von Lebewesen gemeinsam, die sich alle voneinander unterscheiden. Aber die Angehörigen einer Gattung (*jāti*) haben einen gemeinsamen Geist. Ihre Reaktion auf die Wechselbeziehung mit der Natur ist von einheitlicher Art. In einem späteren Stadium der Evolution trat der Mensch auf. Es war im Menschen angelegt, die Natur für seine eigenen Zwecke zu gebrauchen, wie ein Bauer das fließende Wasser eines natürlichen Flusses dazu verwendet, einen Kanal von dem Flußbett aus zu graben, um seine Felder zu bewässern (IV 3). Dies war der Ursprung des individualisierten Bewußtseins, im Gegensatz zu dem Herdeninstinkt anderer Gattungen von Lebewesen. Im *homo sapiens* begann sich der natürliche »Geist-Stoff«, der allen Menschen gemeinsam ist, aufzuteilen in individuelle Geistwesen, entsprechend der wählenden Tendenz, die in jedem Individuum wirksam ist. Diese vom Menschen geschaffenen individualisierten Wesen waren, und sind es noch, das Ergebnis des Ichbewußtseins, das allen Individuen gemeinsam eigen ist (IV 2–5).

Diese Beschreibung, wie der individuelle Geist entstanden ist, gründet sich natürlich auf die Schau (*darśana*) der Yogis, die die Notwendigkeit erkannten, sich gegen jedes Wählen zu entscheiden, und die daher einen Geist entwickelt haben, der von allen anderen individuellen Geistwesen qualitativ verschieden ist. Dieser neue Geist, der in den Yogis entsteht, wird *dhyānaja citta* genannt, »ein aus der Meditation geborener Geist«.

Dieser neue Geist wurde als frei von den drei Arten von Tätigkeiten erkannt:

lichte, dunkle und gemischte*, die allen Menschen gemeinsam sind, die sich nicht für die Disziplin des Yoga entschieden haben (IV 6–8).

Die Art der fünferlei *vṛttis*, um die es hier geht, muß im Licht der außergewöhnlichen Schau der Yogis verstanden werden. In diesem Zusammenhang wird es vielen seltsam erscheinen, wie der Schlaf (*nidrā*) eine *vṛtti* genannt werden kann, die wir als eine Form des Wählens beschrieben haben. Das Wählen ist ein willentlicher Akt des Geistes oder des Bewußtseins und kann als solcher nicht auf den Schlaf zutreffen, der willenlos zu sein scheint und in dem dem Menschen nichts bewußt ist, nicht einmal er selbst. Wenn die Schau des Yoga als echt angenommen wird, entsteht ein qualitativ neuer und ganz radikaler Geist (*dhyānaja citta*), den die Yoga-Disziplin hervorruft, ein Geist, der immer hellwach und aufmerksam ist. Dieser Geist ist so verfeinert, durchdringend und empfindsam, daß er durch allen individualisierten und geteilten »Geist-Stoff« hindurchsieht und ihn transzendiert. Dieser Geist nimmt Dinge wahr, die die Menschen im allgemeinen kaum wahrnehmen können. In einem solchen yogischen Geist wird auch der Schlaf eine Sache der Entscheidung. Ich habe persönlich einige Menschen gesehen, die willentlich innerhalb weniger Sekunden in tiefen Schlaf versinken und die zur richtigen Zeit aufwachen können. Daher muß die Beschreibung der *vṛttis* und aller anderen in den Yoga-Sūtren genannten ähnlichen Phänomene mit der Schau des Yoga (*yoga darśana*) in Verbindung gebracht werden. Diese Schau soll nicht aufgrund der Autorität von Patañjali und anderen Yogis für wahr gehalten werden. Man kann sie vielmehr selbst erfahren, indem man mit *citta-vṛtti-nirodha* experimentiert und so die Wahrheit oder Unwahrheit dieser yogischen Schau selbst entdeckt. Dies ist es, was uns die Yoga-Sūtren in allen Einzelheiten sagen.

Der Schlaf oder Schlummer (*nidrā*) ist daher eine *vṛtti*, die in den Gehirnzellen eingebettet ist oder in dem Geist-Stoff, der das

* Anm. d. Übersetzers: Die Eigenschaften der drei *guṇas* oder Qualitäten der Urnatur im Sāṃkhya, nämlich *sattva* (Reinheit), *rajas* (Aktivität) und *tamas* (Finsternis).

individuelle Bewußtsein ausmacht und zum sogenannten Unbewußten gehört. Das Wählen kann daher sowohl bewußt als auch unbewußt geschehen. Die Gewohnheit prägt sich in die Psyche ein, und ihre Tätigkeit wird daher mehr automatisch als bewußt. Zusammen mit diesem »Gesetz«, das der menschliche Organismus als Erbe mitbringt, übernimmt er auch die Tendenz, die Abwesenheit aller Dinge zu erfahren. Der Schlaf ist daher das schlummernde Bewußtsein, das die Abwesenheit (*abhāva*) aller Dinge erfährt, die es im Wachzustand erlebt. Er ist nicht Abwesenheit des Bewußtseins, das ein Teil des Geistes ist, sondern die Abwesenheit der Gegenstände, die im Wachzustand erfahren werden. Aufgrund dieser Tatsache kann die Erfahrung von Abwesenheit (*abhāva*) erinnert werden. Wenn es nicht eine Erfahrung wäre, könnte sie nicht vom Geist in Erinnerung gerufen werden.

Die Erinnerung (*smṛti*) ist das Aufzeichnen vergangener Erfahrungen. Und da jede Erfahrung eine vom Ego ausgehende Antwort auf das Erlebte ist, d. h. ein Ergebnis der angeborenen Neigung zu wählen, ist das Gedächtnis oder die Erinnerung dessen, was in der Vergangenheit erfahren wurde, auch eine *vṛtti*.

Die Vorstellung (*vikalpa*) ist eine eigenartige und wichtige *vṛtti*, die weitreichende Folgen hat. Man nimmt an, daß Worte Bedeutungen haben, die den objektiven Dingen entsprechen, die sie bezeichnen. Aber die Tatsache bleibt bestehen, daß Worte nicht Dinge sind. Das *Wort* »Hund« ist nicht das *Tier*, das man »Hund« nennt. Aber die Macht, die das Wort auf den menschlichen Geist ausübt, ist so groß und so tief in der Psyche verwurzelt, daß der Mensch zu glauben geneigt ist, das Wort sei die Quelle objektiver Erkenntnis. Im Grunde ist aber die vom Wort abgeleitete Erkenntnis bar jeder Substanz oder objektiven Wirklichkeit. Worte wie Gott, Religion, *ātman*, Brahman, Selbst usw. beschwören Bilder herauf, die keine Grundlage in der objektiven Welt haben. Und doch vermitteln diese Worte dem konditionierten menschlichen Geist Sinnvorstellungen, als entsprächen sie objektiver Wirklichkeit, und nur wenige Menschen können, wenn überhaupt, diesen Glauben oder dieses Vorurteil überwinden. Die Erfahrung des »Dinges«, das »Hund« genannt wird, ist nicht auf derselben Ebene wie die Erfahrung des »Dinges«, das man »Gott« nennt. Diese Erfahrung oder Erkenntnis entbehrt jeder Wirklichkeit, sagt das Sūtra bei der Definition von der Vorstellung oder begrifflichen Erkenntnis (*vikalpa*).

Es gibt eine Anzahl von Worten, die einen so ungeheuren Einfluß auf den Geist der Menschen ausüben, daß man sie kaum von der Tatsache überzeugen kann, daß alle begriffliche Erkenntnis der Substanz oder Wirklichkeit entbehrt. Alle Lehren, alle Ideale, alle Theorien, alle Formen von Ideologien, alle Begriffe, Überzeugungen und Meinungen, alle Ansichten und Vorurteile – all diese sind *vṛttis*, die, obwohl sie substanzlos sind, einen ungeheuren Einfluß auf das menschliche Denken ausüben. Wie wir gleich sehen werden, müssen alle diese *vṛttis* bis auf die Wurzel ausgerottet werden, damit der Mensch fähig wird, die Wahrheit oder Wirklichkeit von irgend etwas zu sehen.

Der Irrtum (*viparyaya*) ist eine *vṛtti*, die auch großen Einfluß auf den menschlichen Geist ausübt. Wenn man die Menschen als Hindus, Moslems, Buddhisten, Christen oder als Inder, Chinesen, Engländer, Franzosen und Amerikaner oder als Kommunisten, Sozialisten oder Demokraten usw. bezeichnet, verwechselt man ein menschliches Wesen mit dem Etikett, das man ihm gibt. Dies ist *viparyaya*. Und es ist keineswegs so unschuldig und harmlos wie das Verwechseln einer Schnur mit einer Schlange, das klassische Beispiel für *viparyaya*. Diese falsche oder irrtümliche Erkenntnis ist ein so wichtiger Teil des menschlichen Bewußtseins, daß sie schon die Ehrwürdigkeit wahrer und tatsächlicher Erkenntnis erlangt hat. Viele werden offen zugeben, daß dies Beispiele falscher oder irrtümlicher Erkenntnis sind, aber wenige werden in ihrem täglichen Leben dementsprechend handeln. Diese und ähnliche Etiketten verkleiden sich immer als »objektive Wirklichkeiten« auf allen Ebenen des praktischen Lebens der Menschen in der ganzen Welt. Etiketten als Zeichen, um Gepäckstücke wiederzuerkennen, haben eine bestimmte Nützlichkeit. Aber wenn Menschen durch die Etiketten wiedererkannt werden, die man ihnen gegeben hat, so hat diese *vṛtti* verheerende Folgen für das Überleben der Menschen auf diesem Planeten. *Viparyaya* als eine *vṛtti*, die in der Psyche des Menschen verankert ist, kann leicht zu seinem Verderben führen.

Das Wissen mit Hilfe gültiger Erkenntnismittel (*pramāṇa*) ist die angesehenste *vṛtti* im menschlichen Leben. Die meisten wissenschaftlichen, philosophischen, kulturellen oder gesellschaftlichen Angelegenheiten der Menschen werden von dieser *vṛtti* bestimmt. Diese *vṛtti* verlangt Beweise für die Gültigkeit jeder Aussage, die der Mensch macht. Sinneswahrnehmungen, gültige Schlußfolgerungen in Übereinstimmung mit den von der Logik festgelegten Normen und die Worte der Weisen sind die drei Bestandteile dieser *vṛtti*. Es ist eine *vṛtti*, die ihre eigene Gültigkeit untersucht, übereinstimmend mit allgemein anerkannten Maßstäben. Aber diese *vṛtti* beschränkt sich auf so wenige, und ihr Einfluß auf die Menschen ist im allgemeinen so gering, daß sich trotz ihrer großen Bedeutung für die Bewertung von Werturteilen erwiesen hat, daß ihre Macht zu beschränkt ist, um die überhandnehmende Irrationalität und völlige Unverantwortlichkeit der großen Mehrheit der Menschheit einzudämmen. So hat sie im Lauf der menschlichen Geschichte nur eine unbedeutende Rolle gespielt.

Der substantielle Beitrag der *pramāṇavṛtti* zur richtigen Erkenntnis bleibt trotz seiner vielfachen Bedeutung auf das Verständnis der physischen Natur der Welt beschränkt. Er beschränkt sich auf die Gegenstände, das Sichtbare (*dṛśya*) und schließt den Beobachter (*draṣṭā*) von seiner Sicht aus. Sie erkennt nicht die Tatsache, daß keine Weltanschauung gültig sein kann, wenn sie nicht das Wesen der richtigen Beziehung zwischen dem Beobachter und dem Beobachteten entdeckt. Darüber hinaus beschränkt sich ihr Ansatz in der Betrachtung der objektiven Welt auf die Beziehung zwischen Objekten in einer fragmentarischen Weise, weil dieser Ansatz die grundlegende Tatsache eines ökologischen Gleichgewichts im Kosmos vernachlässigt. Dies hat schon zu katastrophalen Folgen geführt. Außerdem muß man in Betracht ziehen, daß selbst in dem begrenzten Bereich, in dem diese *pramāṇavṛtti* wirksam ist, die bedeutendsten Entdeckungen nicht das Ergebnis dieser *vṛtti* sind (die sich ja auf die festgelegten Normen gültigen Denkens beschränkt), sondern eines bestimmten Etwas, genannt Inspiration, Einsicht oder blitzartige Erkenntnis. Infolgedessen bleibt die Glaubwürdigkeit der Erkenntnis durch diese *vṛtti* nicht nur begrenzt, sondern selbst in ihrem begrenzten Bereich zweifelhaft.

Und schließlich wird deutlich, daß die vermittelnde Funktion dieser *vṛtti* für eine intelligente und harmonische Beziehung zwischen Mensch und Mensch und zwischen Mensch und Natur sich als verheerend für das Überleben des Menschen auf diesem Planeten erwiesen hat. Die allgemeine Bedrohung durch eine atomare Zerstörung, eine wachsende globale Umweltverschmutzung und die Probleme, die durch die Bevölkerungsexplosion geschaffen werden, zwingen intelligente und mitfühlende Menschen in der ganzen Welt, einen Augenblick anzuhalten und ihr Verständnis der Existenz als ganzer von neuem zu überdenken. Es ist dieses Anhalten und diese neue Sicht, die in *citta-vṛtti-nirodha* enthalten sind. Yoga legt daher ein Anhalten der fünferlei *vṛttis* nahe, damit sich der Mensch in eine Lage versetzen kann, in der allein die Wahrnehmung dessen, »was ist«, innen und außen, in ihrer existentiellen Bedeutung für das menschliche Leben möglich wird.

Das menschliche Leben, so wie es gelebt wurde, seit der Mensch vom tierischen in den kulturellen Zustand überwechselte, war ein Wandern in dem endlosen Kreis dieser fünf *vṛttis*, von denen keine je imstande ist, den Menschen mit sich selbst oder mit der Welt zu konfrontieren, in der er existiert. Im Gegenteil, die Identifizierung mit diesen *vṛttis* verdunkelt die klare Erkenntnis, die allein den Menschen befähigen kann, die Dinge so zu sehen, wie sie in Wirklichkeit sind.

Es gibt zwei Arten von *vṛttis*: leidvolle und leidlose (I 5). Von Natur aus und existentiell müssen sie nicht leidvoll sein. Sie werden erst leidvoll, wenn die wählende Vorstellung dazwischenkommt und die Anschauung entstellt. Dies geschieht, weil ein innerer Widerspruch zwischen dem Ideellen und dem existentiell Wirklichen besteht. Das Leid und das Elend, das die vorstellenden Denkvorgänge hervorrufen, nehmen so enorme Ausmaße an, daß es dem Menschen unmöglich wird, sich von ihrem Zugriff zu befreien. Jeder Ausweg, der wieder nur von der vorstellenden Bewegung erfunden wird, bewirkt das Gegenteil. Dies ist unvermeidlich aufgrund des inneren Widerspruchs zwischen dem Ideellen und dem existentiell Wirklichen.

Allein die Erkenntnis dieses Widerspruchs bringt die Leidhaftigkeit dieser *vṛttis* zum Stillstand, weil diese Erkenntnis den Menschen mit der Wirklichkeit konfrontiert und ihm die Notwendigkeit und Dringlichkeit nahelegt, sich für *citta-vṛtti-nirodha* zu entscheiden. Wenn dies geschieht, verlangsamt sich von selbst der von der Vergangenheit angetriebene Schwung dieser *vṛttis*. Aufgrund dieses Vorgangs offenbaren sich dem »Sehenden« das Wesen und die Struktur dieser *vṛttis* mit ihren verborgenen Motiven. Diese Offenbarung hilft dem Menschen, aus dem komplexen und verwirrenden Labyrinth der Identifizierungen herauszutreten. Wenn der Mensch so aus der Vergangenheit heraustritt, wird er frei, diese *vṛttis* als Instrumente für neue Entdekkungen zu verwenden. Das heißt, *vṛttis* bleiben nur so lange leidvoll, als ihre Tätigkeiten in den geschlossenen Grenzen des *vṛtti-sārūpya* gefangen bleiben. Andererseits werden die *vṛttis* frei von Leid und können sogar zu Werkzeugen neuer Entdeckungen werden, wenn sie sich am Sehen oder an der Anschauung orientieren (*khyāti-viṣaya*), im Gegensatz zu der Orientierung an der Vorstellung. Jede Vorstellung ist im Grunde egozentrisch (*asmitā-mātrā*) und schafft sich als solche einen Umkreis von Identifizierungen (*vṛtti-sārūpya*), in denen der Mensch ein Gefangener ist. Das ist gemeint, wenn es in Sūtra 5 heißt, die *vṛttis* seien entweder leidvoll oder leidlos.

Es ist wichtig, hier anzumerken, daß jede der fünf *vṛttis* sich von den anderen vier unterscheidet: Gültiges Wissen ist nicht Irrtum usw., Irrtum ist nicht gültiges Wissen usw. Aber die Erinnerung (*smṛti*) ist allumfassend. Sie schließt die früheren Erinnerungen aller fünf *vṛttis* mit ein. Man kann etwas vergessen und sich wieder daran erinnern. Deshalb wird die Erinnerung zum Nährboden für die Identifikation (*vṛtti-sārūpya*) und somit auch für die Zeitlichkeit. Darin verstrickt sich der Mensch, die inkarnierte Anschauung, und verliert dabei seine seinshafte Identität. Wenn er so verloren ist, reagiert er auf die Herausforderungen der äußeren Umstände und immer neuer Situationen aufgrund der im Gedächtnis eingeprägten Eindrücke (*saṃskāra*), in denen er ein Gefangener ist. Die Loslösung aus diesem Grund der Zeitlichkeit, die von der Vergangenheit und von der vergangenheitsbestimmten Zukunft beherrscht wird, ist Freiheit (*apavarga* oder *kaivalya*). Und Freiheit ist das ein und alles des Yoga.

Der Weg, der zu dieser Loslösung führt, wird *citta-vṛtti-nirodha* genannt. Dieser *vṛtti-nirodha* ist die grundlegende Voraussetzung für die Freiheit und für die Anschauung der Dinge, wie sie sind, d. h. die Anschauung der Wahrheit oder Wirklichkeit. Die folgenden Sūtren geben uns eine genaue Erklärung von *vṛtti-nirodha*.

C Der Weg zu vṛtti-nirodha
(Sūtren 12–16)

12 *abhyāsa-vairāgyābhyāṃ tan-nirodhaḥ.*
Das Zur-Ruhe-Kommen der seelisch-geistigen Vorgänge erlangt man durch »Übung« (*abhyāsa*) und »Loslösung« (*vairāgya*).

13 *tatra sthitau yatno'bhyāsaḥ.*
Die intensive Bemühung um diesen Ruhezustand ist die Übung (*abhyāsa*).

14 *sa tu dīrgha-kāla-nairantarya-satkāra-āsevito dṛḍha-bhūmiḥ.*
Wenn diese Übung eine lange Zeit ununterbrochen und mit einer Haltung der Hingabe vollzogen wird, bereitet sie eine feste Grundlage.

15 *dṛṣṭa-anuśravika-viṣaya-vitṛṣṇasya vaśīkāra-saṃjñā vairāgyam.*
Das Nicht-Begehren nach allen gesehenen und gehörten Gegenständen ist die Loslösung, die auch Selbstbeherrschung (*vaśīkara*) genannt wird.

16 *tatparaṃ puruṣa-khyāter guṇa-vaitṛṣṇyam.*
Das Nicht-Begehren nach den Grundelementen (der Erscheinungswelt), das zu der Schau des ursprünglichen Menschen (*puruṣa*) führt, ist die höchste Form der Loslösung.

KOMMENTAR

Wir haben gesehen, daß es zweierlei *vṛttis* gibt, leidvolle und leidlose (I 5). *Vṛttis* werden leidvoll auf Grund der Identifizierung mit ihnen (*vṛtti-sārūpya*, I 4). Die Identifizierung ist ein Sich-Verstricken in die *vṛttis*, die Nicht-Identifizierung führt zur Loslösung aus dieser Verstrickung. Wenn man sich des Wählens enthält, identifiziert man sich nicht, denn wenn das Wählen endet, verlangsamt sich der Schwung der vergangenen, dem Geist eingeprägten *vṛttis*. Dieser Vorgang des Verlangsamens führt zu einer allmählichen Loslösung von ihnen, weil man, wenn man nicht mehr wählt, ein bloßer Zuschauer der *vṛttis* wird. Wenn man aber nur ein Zuschauer ist, ist man ein »Seher« (*draṣṭā*). Wenn man in dem Zustand des »Sehenden« verbleibt, sieht man, daß die *vṛttis*, die aus vergangenen Eindrücken entstanden sind, auftauchen, eine Zeit verweilen und wieder verschwinden. Und dann kommt ein Stadium, wo man sieht, daß das Verschwinden oder die Abwesenheit der *vṛttis* eine Weile andauert. Diese Pause, die von *vṛttis* frei ist, nennt man *sthiti*, einen Ruhezustand. Das ist ein ganz neues Geschehen, das nicht der Erscheinungswelt angehört, in der es eine ungebrochene Kontinuität von Ereignissen gibt, sondern es gehört einer anderen Seinsordnung an. Und auf Grund dieses außergewöhnlichen Geschehens entsteht ein intensives Interesse an diesem Zustand (*sthiti*) – eine leere Pause zwischen den *vṛttis*, die daher auch zeitlos ist. Dieses intensive Bemühen um »*sthiti*« wird *abhyāsa*, Übung oder Praxis, genannt.

Die Ausdauer in dieser Übung, wie es in Sūtra 14 heißt, schafft eine feste Grundlage (im Yoga). Schließlich führt die Ausdauer in dieser Übung, die ein Zustand ist, in dem man bloßer Zuschauer ist, zu einem Abnehmen des Begehrens nach all dem, was man einmal gesehen oder gehört hat. Dieses Abnehmen des »Durstes« oder »Hungers« nach Erfahrungsgegenständen und Dingen ist tatsächlich eine Loslösung aus der Identifizierung mit den *vṛttis*. Ein solcher Zustand der Loslösung wird *vairāgya*, Verzicht, genannt.

Aber die Loslösung von den *vṛttis* und die Loslösung von den dreifachen Grundelementen oder Energien (*guṇas*)*, die der Erscheinungswelt zugrunde liegen, sind zwei sehr verschiedene Vorgänge, weil diese dreifachen »Energien« oder *guṇas* ständig im Dasein der Menschen wirksam sind. Der ganze psychosomatische Organismus funktioniert, so wie er ist, aufgrund dieser Energien. Die Wahrnehmung dieser Tatsache befreit den »Seher« auch von den Energien. Eine so außergewöhnliche Wahrnehmung bedeutet eine völlige Loslösung des »Sehers« von der gesamten Erscheinungswelt. Was bleibt, ist nur ein »reines Sehen« der Phänomene und der dreifachen Energien, die sie ständig in Gang halten. Ein solches »reines Anschauen« ist auch eine Energie, die sich aber von den dreifachen Energien der Erscheinungswelt, den *guṇas*, unterscheidet. Diese Energie des »reinen Sehens« wird *puruṣa* genannt, d. h. der Mensch-an-sich, der innere, geistige Mensch in seiner existentiellen Wesenheit. Diese reine Anschauung wird in Sūtra 16 als *puruṣa-khyāti*, Schau des *puruṣa*, bezeichnet.

Khyāti heißt *darśana*, sehendes Bewußtsein, das sich unterscheidet von dem Bewußtsein, das aus der psychischen Verstrikkung in die gesamte Erscheinungswelt entsteht. Der Leib des Menschen, sein menschlicher Organismus, ist ein Produkt des *prakṛtyāpūra*, des Stromes der Natur. Wenn der menschliche Organismus nicht noch etwas anderes enthalten würde, das sich von den *guṇas* unterscheidet, die der Erscheinungswelt zugrunde liegen (einschließlich des menschlichen Organismus), könnte sich der Mensch nie seiner selbst noch der Welt, in der er sein Dasein findet, bewußt sein. Dieses Bewußtsein ist immer »reine Anschauung« (*dṛśimātraḥ*, II 20). Und dieses »reine Sehen« wird im Yoga der »Sehende« (*draṣṭā*) genannt.

Der Mensch und die Welt stellen einen verwirrenden Komplex dar, der sich dem menschlichen Verständnis entzieht. Der Mensch muß als Beobachter, der versucht, die beobachtete Welt zu verstehen, zunächst einmal das Geheimnis entwirren, das der Beziehung zwischen Beobachter und Beobachtetem zugrunde liegt. Sonst würde seine Erforschung des Wesens und der Struktur der

* Vgl. Glossar: *guṇas*.

Welt Gefahr laufen, ein Weltbild hervorzubringen, in dem der Mensch keinen Platz findet. Er würde nur ein äußerer Manipulator der Welt bleiben, wie ein Außenseiter in dem Weltbild, das die moderne Naturwissenschaft geschaffen hat.

Aber die Tatsache ist unbestreitbar, daß der Mensch ein Wesensbestandteil der Welt ist, in der er sein Dasein hat. Infolgedessen muß der zentrale Punkt der Untersuchung das Wesen der Beziehung zwischen Mensch und Welt sein, innerhalb des Rahmens der Welt als ganzer. Diese Beziehung zwischen Mensch und Welt ist der Gegenstand des Yoga-Darśana.

Yoga betrachtet die Beziehung zwischen Mensch und Welt, wie sie tatsächlich zwischen dem »Sehenden« und dem »Gesehenen« besteht. Es ist eine Beziehung, die aus einer ständigen Wechselwirkung zwischen den beiden entstanden ist. Der Mensch ist zur gleichen Zeit sowohl der »Sehende« wie das »Gesehene«. Er ist ein »Sehender« durch seinen psychosomatischen Organismus, der ein Produkt der kosmischen Evolution ist (*prakṛtyāpūra*). Daher besteht eine grundlegende Voraussetzung der Untersuchung darin, daß der Mensch zuerst klar den Komplex seiner Beziehung zur Welt erkennen muß, die sich in seinem eigenen Wesen spiegelt. »Der Mensch ist die kosmische Evolution, die sich ihrer selbst bewußt geworden ist.« Yoga beschäftigt sich daher mit dem Bewußtsein, das er als »reines Sehen« beschreibt. Ein Sehen, das von irgendeiner Identifizierung verstellt oder getrübt ist, ist ein falsches Sehen. Dieses falsche Sehen wird im Yoga als ein »Sehen durch vergangene Erfahrungen« beschrieben und durch Worte, die Erfahrungen beinhalten. Daher, sagt der Yoga, muß das Begehren und Hungern nach Erfahrungen und Worten aufhören, damit »reines Sehen« oder Anschauung möglich wird. Und das ist das Wesen dessen, was in den Sūtren 12 bis 16 dargelegt wird.

Die folgendenSūtren handeln von *samādhi*, dem Aufblühen des »Samens« (*bīja*), der in das Wesen des Menschen durch *vṛtti-nirodha* eingepflanzt wurde.

D Auf dem Weg zur Versenkung (samādhi)

(Sūtren 17–22)

17 *vitarka-vicāra-ānanda-asmitā-rūpa-anugamāt saṃprajñātaḥ.*
Wenn (das Zur-Ruhe-Kommen [*vṛtti-nirodha*]) mit Hilfe von logischem Denken, prüfender Überlegung, Seligkeit oder Ichbewußtsein erlangt wird, führt es zu (verschiedenen Arten) der Versenkung (*samādhi*), die mit Erkenntnis verbunden ist (*saṃprajñāta*).

18 *virāma-pratyaya-abhyāsa-pūrvaḥ saṃskāra-śeṣo'nyaḥ.*
Eine andere Art (von Versenkung [*samādhi*]) entsteht als Ergebnis der Übung, die zur Erfahrung des Stillstandes führt, wobei nur ein Rest der vergangenen psychischen Eindrücke bleibt.

19 *bhava-pratyayo videha-prakṛti-layānām.*
Der Zustand der körperlosen Wesen, die sich in der Urnatur auflösen, ist (eine Art von *samādhi*, der) auf der Erfahrung des Daseins beruht.

20 *śraddhā-vīrya-smṛti-samādhi-prajñā-pūrvaka itareṣām.*
Die anderen (verkörperten) Wesen erreichen eine Art von Versenkung (*samādhi*) durch Glauben, Mut, Erinnerung, Sammlung und Weisheit.

21 *tīvra-saṃvegānām āsannaḥ.*
Den intensiv Strebenden ist (die Versenkung) nahe.

22 *mṛdu-madhya-adhimātratvāt tato'pi viśeṣaḥ.*
Aufgrund einer schwachen, mittleren oder höchsten Intensität ergeben sich Unterschiede (in der Versenkung).

KOMMENTAR

Diese Sūtren sprechen von zwei Bewußtseinsströmen: Der eine ist ein oberflächlicher und peripherer Bewußtseinsstrom, der von der Identifizierung mit der vorstellenden, wählenden Bewegung (*vṛtti-sārūpya*) angetrieben wird. Dies ist ein bedingter Bewußtseinsstrom (*saṃsāra-prāgbhara*), der von vergangenen psychischen (unterbewußten) Eindrücken (*saṃskāras*) belastet und unfähig zu unterscheidender Erkenntnis (*aviveka-viṣaya-nimna*) ist. Dieser führt unweigerlich zu Sünde und Leid (*pāpa-vaha*). Hier bedeutet »Sünde« nur die Unfähigkeit, das zu sehen, »was ist«, von Augenblick zu Augenblick. Diese Unfähigkeit führt den Menschen in endloses Leid oder in Sünde.

Der Mensch will aber kein Leid. Wenn er damit konfrontiert ist, sucht er eine einfache Ausflucht. Aber es gibt keine leichte Ausflucht aus Sünde und Leid. Der einzige Weg, der dem Menschen offensteht, ist, sich dem Leid zu stellen und zu sehen, was dabei geschieht. Sich ihm stellen heißt, ihm ins Gesicht zu blicken, ohne sich davon wegzubewegen, ohne sich Alternativen auszusuchen, die eine eingebildete Flucht vor dem Existentiellen darstellen. Dies ist der kritische Moment, den das Leben dem Menschen in Form des Leides anbietet. Leid oder Schmerz sind natürlich eine Bedrohung für das Überleben. Will man dieser Bedrohung mit einem konditionierten Bewußtsein entgegentreten, so bewirkt man nur mehr Leid, weil es ursprünglich dieses konditionierte Bewußtsein war, das den Menschen ins Leid stürzte, aus dem er nun einen Ausweg sucht. Infolgedessen besteht der einzige Ausweg darin, das Wesen und die Struktur dieses Bewußtseins in Frage zu stellen, das ihn immer wieder ins Leid führt. Das konditionierte und konditionierende Bewußtsein in Frage stellen bedeutet aber, daß man aufhören muß, sich der Vorstellung und dem Wählen auszuliefern. Und die freie Entscheidung für das Nicht-Wählen bedeutet, sich auf den Weg des *vṛtti-nirodha* oder Yoga zu begeben.

Dieser Weg des Yoga ist eine Schiffahrt auf den Gewässern des Lebens selbst. Dieser Weg wird in den Yoga-Sūtren als ein »auf die Freiheit ausgerichteter Bewußtseinsstrom« (*kaivalyaprāgbhāraṃ cittam*, IV 26) beschrieben. Wenn man aufgrund der freien Entscheidung für das Nicht-Wählen mit dem lebt, »was ist«, sieht man deutlich den Unterschied zwischen dem, was einerseits den Geist bedingt und ihn sich in einem endlosen Kreis der Bedingtheit bewegen läßt, und andererseits, was den Geist aus dem tödlichen Griff der Bedingtheit befreien kann. Diese Wahrnehmung ist die Mutter der unterscheidenden Erkenntnis (*viveka*). Von nun an bewegt sich der Geist in Freiheit, vereint mit der unterscheidenden Erkenntnis (IV 26). Dieser Bewußtseinsstrom führt den Menschen zur Seligkeit (*kalyāṇa*), dem bleibenden Gut des Menschen und seiner Welt.

Im Licht dieser Unterscheidung zwischen den beiden qualitativ verschiedenen Bewußtseinsströmen (*citta-nadī*) müssen die Sūtren verstanden werden, die jetzt zur Diskussion stehen.

Wenn der Mensch sich in Freiheit (*kaivalya*) und im Licht der unterscheidenden Erkenntnis (*viveka*) bewegt, wird er zunächst fähig zu einer besonderen Art von logischer Überlegung (*vitarka*). *Tarka* ist logisches Denken, das zu einem statischen Schluß kommt. Aber in diesem yogischen Bewußtseinszustand handelt es sich um eine besondere und qualitativ verschiedene Art des logischen Denkens: Diese kritische Stellungnahme negiert alles, was unbedeutend ist für das »tatsächlich Seiende«, und schreitet voran mit dem, was für das Dasein als ganzes von Bedeutung ist. Diese Bewegung entfaltet sich in eine mit Denken verbundene Versenkung (*savitarka samādhi*), in der der untergründige Keim (*bīja*) von *vṛtti-nirodha* sich zu einem sichtbaren Sproß auswächst, voll von neuem Leben.

Das logische Denken hat seine eigenen Grenzen – aber die Freiheit kennt keine Grenzen. Der neue Sproß des Lebens, der aus dieser besonderen Art logischen Denkens geboren wurde, muß zu einem Baum heranwachsen. Dieses innere Streben, das aus der

Freiheit geboren ist, geht über den *savitarka samādhi* hinaus und treibt zu einer weiteren Reise auf dem Yogaweg an. Der nächste Schritt ist nicht mehr vom Denken (*vitarka*), sondern von prüfender Überlegung (*vicāra*) bestimmt. *Vicāra* ist eine freie Untersuchung dessen, was ist, eine nicht endende Erforschung des eigentlichen Wesens des Lebens und des Seins. Diese Bewegung mündet in eine Versenkung mit forschender Überlegung (*savicāra samādhi*). Und dieselbe Bewegung, wenn sie immer weiter vorangetrieben wird, mit der Bewegung des Daseins als ganzes, führt zu einer Erfahrung der Seligkeit (*ānanda*), dem *sānanda samādhi*. Diese Form der »glückhaften Versenkung« entwickelt sich weiter in eine Erfahrung des reinen »Ich-Seins« (*asmitā*), frei von allen Spannungen, die sonst mit dem Ego verbunden sind.

Alle diese vier Arten von *samādhi* gehören zu einer bedingten Anschauung des Daseins als ganzes. Sie ist bedingt, weil sie eine Grundlage braucht, etwas, worauf sie sich stützen kann, um mit der inneren Bewegung der existentiellen Wirklichkeit voranzuschreiten. Es ist so, wie wenn man sich an dem einen oder anderen Stück Holz festhält, um in einer starken Strömung zu schwimmen. Daher werden diese vier Arten von *samādhi* unter einer Bezeichnung zusammengefaßt: *saṃprajñāta*, d. h. mit Erkenntnis verbunden. *Prajñā* ist Erkenntnis. Mit der Vorsilbe *sam* bedeutet es richtige Erkenntnis (wahre Einsicht). *Prajñāta* bedeutet das, was gut verstanden und aufgenommen wurde. *Saṃprajñāta samādhi* ist daher eine Versenkung mit richtiger Erkenntnis, die sich zur Weisheit entfaltet. Da dieser *samādhi* von der Verbindung mit der Erkenntnis abhängt, ist es ein qualifizierter *samādhi*. Ein gemeinsamer Faden einer sich auf das Ich gründenden Erkenntnis läuft durch diese vier Arten der Versenkung. Es beginnt mit dem auf dem Ich gründenden logischen Denken und endet mit einer Erfahrung des reinen Ich-Seins. Dieses Ichbewußtsein ist frei von allen Bestimmungen und daher rein und aus sich selbst leuchtend. Wie ein Punkt hat es eine Lage, aber keine Ausdehnung, weder materiell noch geistig. Es stellt nur fest: »Ich bin ich, ich bin nicht der andere und kann nie der andere sein.« Es ist existentielle Einsamkeit, erfüllt von der Kraft des Seins, die nichts anderes werden will, weil sie klar sieht, daß jede Bewegung auf ein »Werden« zu sich vom »Sein« wegbewegt und daher eine selbst-entfremdende Bewegung ist. Man lebt so in Frieden und mit einem Gefühl des Glückes in dem, was ist, innerlich und äußerlich. Alle Tätigkeiten sind erfüllt von diesem existentiellen Sinn der Einsamkeit, der nie auf irgend etwas mit einer Spur von Feindseligkeit reagiert. Man hat nichts zu verlieren und vielleicht eine ganze Welt zu gewinnen.

Obwohl dies eine existentielle Weisheit ist, fehlt ihr eines: die Offenbarung des Mysteriums der Beziehung von Mensch und Welt. Die Erfahrung des reinen Ichbewußtseins und der Einsamkeit erlebt zwar noch die Welt, ist aber unfähig, ihren Sinn zu durchschauen. In anderen Worten, sie ist noch erfahrungsbezogen und nicht rein auf das Sehen bezogen. Es ist noch *pratyaya-anupaśyata* und nicht *śuddha dṛśimātra* (II 20).

Etwas muß geschehen, um diesen erfahrungsbezogenen Daseinssinn zu beenden, weil Erfahrung sich auf Erkenntnis gründet, und Erkennen bedeutet, zu dem Erkannten zu werden. Obwohl man in der ichhaften Versenkung (*sāsmitā samādhi*) von Augenblick zu Augenblick, d. h. von Erfahrung zu Erfahrung, lebt, ohne von der Vergangenheit abzuhängen, bleibt man doch noch ein ich-bezogenes Wesen, da das Ich der Erfahrende ist und die Welt das Objekt der Erfahrung.

Wenn man diese Situation und die Begrenzung dieser auf Dualität gegründeten, qualifizierten Lebens- und Seinsweise durchschaut, erwartet man, daß innerlich etwas wie eine Explosion geschieht. Über diese Explosion spricht Sūtra 18.

Sūtra 18 nennt *virāma-pratyaya*, d. h. die Erfahrung des Stillstandes oder der Unterbrechung. Diese Erfahrung entsteht aufgrund von *abhyāsa*, Übung, d. h. der Erfahrung des leeren Zwischenraumes, frei von jeder *vṛtti* oder seelisch-geistigen Bewegung. Man erfährt einen Bruch in der Kontinuität der Reihe von Erfahrungen, die endlos aufeinander folgen. Es ist nicht mehr die Erfahrung »von etwas«, sondern das Erfahren mit dem Ich im Mittelpunkt hört auf. Hier beginnt das »reine Sehen« ohne Mittelpunkt. Wenn das Ich als handelnder Mittelpunkt wegfällt, erfährt oder sieht man sozusagen ohne den Erfahrenden oder Sehenden als festen Bezugspunkt. Weil es keinen Mittelpunkt und keinen festen Bezugspunkt gibt, um den herum sich die Erfahrungen sammeln und ein Netz von *saṃskāras* (Eindrücken von Erfahrungen in der Psyche) weben können, sterben die alten *saṃskāras* aus. Sie müssen aussterben, weil ihnen der feste Punkt fehlt, in dem sie sich versammeln können und ein Netz der Konditionierung weben, worin der Mensch unachtsam und unmerklich gefangengenommen wird.

Das ist ein völlig neuer und qualitativ verschiedener Daseinszustand, der später *nirvitarka, nirvicāra* und *nirbīja samādhi* genannt wird. Dieser außergewöhnliche Zustand ist in sich vollkommen und umfaßt die Gesamtheit der Existenz. Er braucht nicht mehr eine Grundlage in Form von logischem Denken, prüfender Überlegung, Seligkeit oder reinem Ichbewußtsein. Er schließt alles ein und ist doch ewig frei davon, sich an etwas wie an einen Anker anzuklammern. Er ist wie der Mensch in seiner Ganzheit, in vollkommener Harmonie mit dem Geheimnis, das der Beziehung von Mensch und Welt zugrunde liegt.

Sūtren 19 und 20 sprechen von denen, die sich nicht für *vṛtti-nirodha* entschieden haben bzw. entscheiden wollen. Es sind zwei Arten von Wesen: die körperlosen und die verkörperten. Diejenigen, die sterben und so zu körperlosen Wesen werden, werden sich weiterhin in dem Bewußtseinsstrom bewegen, der ständig mit dem Strom, in dem sich die Welt bewegt, in Beziehung steht. Und da es eine ständige Eigenart des Geistes ist (*citta-dharma*), früher oder später *samādhi* zu erlangen, werden diese körperlosen Wesen zur Zeit der endgültigen Auflösung der Welt *samādhi* erlangen. Diese Aussage ist erstaunlich; wir müssen sie aber stehenlassen und es den vollkommenen Yogis überlassen, sie zu erklären, wenn sie dazu bereit sind.

Die andere Art der Menschen sind diejenigen, die noch in ihrem Leib existieren, aber nicht bereit sind, sich für das Nicht-Wählen zu entscheiden. Ihnen wird ein vierfacher Weg angeboten. Diese Menschen brauchen etwas, woran sie glauben können. Sūtra 20 schlägt diesen Menschen vor, daß sie, wenn sie glauben wollen, ihr Vertrauen und ihren Glauben (*śraddhā*) in die Disziplin des Yoga setzen sollen. Wenn man intensiv in diesem Glauben an Yoga lebt, wird der Glaube selbst zur Quelle neuer Energie. Diese Energie wird einen Zustand der Sammlung hervorbringen, in dem man die ganze Struktur der Eindrücke, die das konditionierte Bewußtsein ausmachen, mit einem Blick betrachten kann. Letztlich wird diese Verbindung von Glauben, Energie und Sammlung in eine *samādhi*-orientierte Erkenntnis münden. So wird dieser vierfache Weg zu *samādhi* führen.

Sūtren 21 und 22 betonen die Notwendigkeit einer starken Intensität und eines verfeinerten und empfindsamen Gefühls als Voraussetzung für *samādhi*. Psychosomatische Intensität, ein aufmerksames Feingefühl und Intelligenz verbinden sich und bringen eine radikale Verwandlung hervor. Diese Verwandlung nennt der Yoga *samādhi*.

Die restlichen Sūtren dieses ersten Teiles handeln von einigen anderen möglichen Wegen zu *vṛtti-nirodha* und *samādhi*. Sie schließen mit einer kurzen Darstellung des »keimlosen *samādhi*«, des Höhepunktes der Yogadisziplin.

E Der Weg der Hingabe an Gott
(Sūtren 23–29)

23 *īśvara-praṇidhānād vā.*
Oder durch Hingabe an Gott (kommen die seelisch-geistigen Vorgänge zur Ruhe).

24 *kleśa-karma-vipāka-āśayair aparāmṛṣṭaḥ puruṣa-viśeṣa īśvaraḥ.*
Gott ist ein besonderes Geistwesen (*puruṣa*), unberührt von leidvoller Spannung*, (daraus geborener) Handlung, (aus der Handlung geborenem) Ergebnis (der Handlung) und der Ansammlung (der Ergebnisse der Handlungen im Unterbewußten), (was alles die bedingte Psyche ausmacht).

25 *tatra niratiśayaṃ sarvajña-bījam.*
In Ihm ist der unübertroffene Keim der Allwissenheit.

26 *pūrveṣām api guruḥ kālena anavacchedāt.*
Er allein ist der Meister der früheren (Meister), weil er nicht durch die Zeit begrenzt ist.

27 *tasya vācakaḥ praṇavaḥ.*
Der ihn offenbarende Name ist OM.

28 *taj-japas tad-artha-bhāvanam.*
Das stete, aufmerksame Murmeln dieses OM-Lautes (*japa*) ist die (innere) Vergegenwärtigung seines Sinnes.

* Vgl. Glossar: *kleśa*.

29 *tataḥ pratyakcetanā-adhigamo'py antarāya-abhāvaś ca.* Dadurch erlangt man eine Verinnerlichung, und die Hindernisse (auf dem Weg zu *samādhi*) lösen sich auf.

KOMMENTAR

Von Sūtra 23 bis 39 werden sieben andere mögliche Wege als Alternativen zu »Übung und Verzicht« (*abhyāsa-vairāgya*, I 12) empfohlen, um *citta-vṛtti-nirodha* zu erlangen, was in *samādhi* mündet. So wie denen, die sich nicht für das Enthalten von der wählenden Tätigkeit entscheiden, der Weg des Glaubens angeboten wird (I 20), so werden auch all denen, die unvorhergesehenen Hindernissen begegnen, sieben Alternativen vorgeschlagen, um ungestört im Zustand des *nirodha*, d. h. einem Zustand des Geistes frei von jeder *vṛtti*, zu verharren. Von diesen sieben Möglichkeiten handelt die Gruppe von Sūtren, die uns hier vorliegt, von der Alternative der »hingebungsvollen Gotteserkenntnis«, *īśvara-praṇidhāna*.

So wie biologisch zwei grundlegende Bedürfnisse das menschliche Leben auf der physiologischen Ebene bestimmen, nämlich Selbsterhaltung und Fortpflanzung, so scheinen auch psychologisch zwei grundlegende Neigungen (*vṛttis*) das menschliche Leben auf der kulturellen Ebene zu beherrschen. Die eine ist das Staunen und die andere die Anbetung. Das Staunen weckt den Geist der freien Forschung, und so entstehen die Wissenschaften, Künste, Literatur und Philosophie, die zusammen eine bestimmte kulturelle Struktur ergeben. Andererseits geht der Sinn für die Anbetung meist mit einer völligen Hingabe an ein »geheimnisvolles Etwas« Hand in Hand, das jenseits des menschlichen Verstehens liegt. Dieses »geheimnisvolle und furchteinflößende Etwas« wird mit dem Wort »Gott« bezeichnet. Diese Neigung zur Anbetung Gottes und Hingabe an ihn macht das religiöse Gefühl aus, das zur Gründung organisierter Religionen führt. Sie bewirkt auch mystische Erfahrungen, die seltsamerweise ähnlich zu sein scheinen, unabhängig von Zeit, Ort, Volk und Umständen.

Man könnte daher wohl sagen, daß die Fähigkeit des Staunens mehr intellektuell als gefühlsmäßig ist, während die Fähigkeit zur Anbetung mehr eine Sache des Gefühls als des Intellekts ist. Die zwei lassen sich nicht trennen, aber sie sind deutlich zu unterscheiden. Beide zusammen machen die psychische Energie eines Menschen aus, und die irrtümliche Spaltung zwischen den beiden führt zu gespaltenen Persönlichkeiten oder Formen von Schizophrenie.

Der Yoga betrachtet das menschliche Leben auf eine ganzheitliche Weise, im Gegensatz zum analytischen Denken, das den Menschen unvermeidlich innerlich und äußerlich zerteilt.

Der Weg der Gotteserkenntnis, den diese Sūtren darlegen, läßt alle Begriffe von Gott beiseite, die im Osten oder Westen vorherrschen. Die begriffliche Methode ist im Grunde der Vorstellung verhaftet und nicht existentiell oder real. Nicht widerstreitende Begriffe, Ideen, Ideologien und systematische Gedankenstrukturen oder Theorien, ob theologisch oder profan, sind der Gegenstand des Yoga, sondern der *Mensch*, der alle diese traumhaften Gebilde erzeugt. Daher kann Gott existentiell nicht irgend etwas über und außerhalb des Menschen sein oder der »Andere« dem Menschen gegenüber. »Er« muß etwas sein im Innern des menschlichen Wesens selbst, dessen sich der Mensch aufgrund der dicken Schichten von Konditioniertheit, die er seit unvorstellbaren Zeiten angesammelt hat, nicht bewußt ist. Diese Sūtren beabsichtigen vor allem, den Menschen zu befähigen, sich wesentlich und intensiv jenes besonderen »Etwas« bewußt zu werden, das in ihm pulsiert und das er unbestimmt »Gott« nennt.

Der Mensch ist als Phänomen gewiß ein Komplex von Konditionierungen – entwicklungsbedingten und kulturell-gesellschaftlichen. Aber zur gleichen Zeit bringt der Mensch in seiner Psyche zwei grundlegende Tendenzen mit: die Fähigkeit des Staunens und der Anbetung. Beide machen ihn fähig, die entwicklungsbedingten und gesellschaftlich-kulturellen Komplexe zu transzendieren. Diese Komplexe werden in Sūtra 24 als die Ergebnisse von vier grundlegenden Faktoren beschrieben: leidvolle Spannungen, Handlungen, die daraus entstehen, Ergebnisse der Handlungen und die Ansammlung dieser Ergebnisse in der Psyche, die zusammen den Menschen an einer richtigen Erkenntnis seiner wesenhaften Identität hindern. Indem er sich für das Nicht-Wählen entscheidet, ist es dem Menschen möglich, von einigen oder allen dieser vier Faktoren frei zu bleiben. Aber wenn es einem schwerfällt, sich für *vṛtti-nirodha* zu entscheiden, sollte man sich zumindest auf den »Großen Unbekannten« einlassen, der in uns selbst west und den wir »Gott« nennen.

Gott, der große Unbekannte, muß immer unnennbar und unbestimmbar bleiben, weil das Zeitlose nicht definiert werden kann. Alle Definitionen sind zeitliche Konstruktionen des menschlichen Geistes, die aufhören müssen, damit das Zeitlose sein kann. Was in Sūtra 24 ausgesagt wird, ist daher nicht eine Definition Gottes. Es lenkt nur die Aufmerksamkeit des Menschen auf die Notwendigkeit, die vier Faktoren zu negieren, die zusammengenommen sein begrenztes Bewußtsein konstituieren. Man kann nicht in Leidenschaften, aus der Leidenschaft geborenen Handlungen, Ergebnissen der Handlungen und der Ansammlung der Ergebnisse, die zusammen die Psyche beherrschen, gefangen bleiben und trotzdem hoffen, eine sinnvolle Beziehung zu Gott herzustellen. Nur die Aufhebung dieser vier grundlegenden Faktoren wird den Menschen befähigen, sich seiner wesenhaften Identität bewußt zu werden. Es ist diese besondere Art des Selbstbewußtseins, die den Menschen vor das Angesicht desjenigen bringen wird, der Gott genannt wird. Es ist dann etwa so, als würde der Mensch in einen geheimnisvollen Spiegel schauen, der nicht das Gesicht des Menschen widerspiegelt, sondern das Angesicht jenes »geheimnisvollen Etwas«, das der Mensch mit dem Namen »Gott« bezeichnet hat.

Sūtra 25 stellt fest, daß diese »Schau« Gottes in sich den Keim oder Ursprung der Allwissenheit trägt. Was der Mensch wissen kann, ist immer nur ein Bruchstück, eine Teilerfahrung der Erscheinungswelt. Aber die eigentliche Fähigkeit des Menschen zu erkennen hat ihren Ursprung in etwas ewig Geheimnisvollem und Unbegreiflichem. Das Wissen ist ein Erzeugnis des menschlichen Geistes. Aber jenes geheimnisvolle Etwas, das den Menschen befähigt, überhaupt zu erkennen, ist nicht eine Schöpfung des Menschen und kann es nie sein. Der menschliche Geist selbst ist nicht ein Erzeugnis der Menschen. Die vom Geist bewirkte, vorstellende und wählende Bewegung bringt das hervor, was der Mensch »Wissen« nennt. Dieses Wissen bezieht sich immer auf die Vergangenheit. Es ist nicht eine hier und jetzt gemachte Erfahrung, sondern das Ergebnis angesammelter Erfahrungen vergangener und überholter Ereignisse. Diese Ansammlungen (*āśaya*) vergangener Eindrücke lösen die Bewegung des bruchstückhaften Wissens aus, das wesentlich auf der Vorstellung beruht. Was der Mensch »Wissen« nennt, ist daher nicht nur bruchstückhaft, sondern es fehlt ihm die direkte *Erfahrung* des Wirklichen oder Existentiellen. Die Verstrickung des Menschen in die Gefangenschaft eines solchen Wissens muß aufhören, damit echtes Erfahren und Erkennen möglich wird. Und das wird nur dann möglich, wenn der Mensch fähig wird, unberührt und unbeeinflußt von den vier Faktoren zu bleiben, die in Sūtra 24 genannt werden. Die Aufhebung oder Ausschaltung dieser vier Faktoren, die das psychische und kulturelle Leben des Menschen beherrschen, setzt den Menschen in direkte Beziehung zum Ursprung der »Allwissenheit«.

Sūtra 26 besagt, daß diese ursprüngliche Quelle der Allwissenheit, dieser Gott, der wahre Guru aller Gurus ist, die von Zeit zu Zeit in menschlicher Gestalt auftreten. Guru oder Gott ist nicht durch die Zeit gebunden. »Er« ist zeitlos, die Quelle kosmischer Energie, die dem Menschen nur dann die Erleuchtung bringt, wenn er sich bemüht, von der Wirkung der vier Faktoren unberührt zu bleiben, die sein tägliches Leben bestimmen und beherrschen. Gott ist immer gegenwärtig und bleibt unbeeinflußt von Zeit, Ort oder Umständen.

Das Wort *guruḥ* bedeutet im technischen Sinn »einer, der die Reinigungsriten an einem Knaben vollzieht und ihn im Veda, d. h. im ›heiligen Wissen‹, unterrichtet«. Diese Reinigungszeremonie bedeutet, esoterisch gesprochen, die Initiation, bei der die schlummernde Energie der »Schau des Bewußtseins« im Schüler geweckt wird. Es bedeutet Reinigung (*śuddhi*) des Geistes und Befreiung von dem angesammelten Unrat, Wissen genannt, der nur

Hindernisse für die Erkenntnis der Wahrheit oder Wirklichkeit schafft. Das Entfernen dieses Unrats ist die Reinigung oder *śuddhi*, ein Wort, das die Yoga-Sūtren an vielen Stellen verwenden. Die Menge der sogenannten »Gurus«, die heutzutage auf der ganzen Welt ihr Unwesen treiben und schon seit undenkbaren Zeiten getrieben haben, ist eine ungeheure Verkehrung des Wortes Guru, wie es in diesen Sūtren verwendet wird.

Da diese Sūtren »Gott« mit »Guru« gleichsetzen, und da dieser »Guru« keine materielle oder geistige Form besitzt, da aber andererseits der Mensch dieses formlose Etwas in seinem Bewußtsein festhalten muß, um fähig zu sein, »Gott zu sehen« oder die Wirklichkeit zu erkennen, sagt Sūtra 27, daß *praṇava* oder OM das *Wort* ist, das »Gott« oder »Guru« bezeichnet. OM oder Praṇava, das wortlose Wort, ist der immer neue Blitz der Erleuchtung, die mit der Aufhebung der vier Faktoren von Sūtra 24 gleichgesetzt wird. Ein ständiges Bewußtsein dieses OM ist wirkliches Gebet – *japa* – nicht eine mechanische Wiederholung eines Wortes, nicht einmal von OM. OM ist nur eine Hilfe, um das schlummernde Bewußtsein zu wecken. Es muß ein wortähnlicher Klang sein, weil der Mensch und das Wort sich entsprechen, sich gegenseitig meinen und benötigen, da der Mensch ein »Sprachtier« ist.

Sūtra 29 stellt fest, daß dieses OM eine Hilfe ist, um die ständige Erkenntnis Gottes aufrechtzuerhalten, und daß es von sich aus ein Verstehen bewirkt und alle mentalen Hindernisse auf dem Weg zu *citta-vṛtti-nirodha* und zu dem daraus folgenden Zustand wahl-freier Bewußtheit, *samādhi*, beseitigt.

Die folgenden Sūtren geben eine genaue Darstellung dieser mentalen Hindernisse, damit man sich deutlich bewußt wird, was für ein Unheil sie anrichten, indem sie die Yoga-Disziplin zerstören oder entstellen.

F Hindernisse auf dem Weg
(Sūtren 30–33)

30 *vyādhi-styāna-saṃśaya-pramāda-ālasya-avirati-bhrānti-darśana-alabdhabhūmikatva-anavasthitatvāni citta-; vikṣepās te'ntarāyāḥ.*
Krankheit, Starrheit, Zweifel, Nachlässigkeit, Faulheit, Gier, falsche Anschauung, das Nicht-Erreichen des Grundes (des Yoga), das Nicht-Ausharren, wenn man ihn einmal berührt hat – diese (neun) sind die Zerstreuungen (des Geistes), die Hindernisse (auf dem Yogaweg) sind.

31 *duḥkha-daurmanasya-aṅgamejayatva-śvāsa-praśvāsa vikṣepa-sahabhuvaḥ.*
Leiden, Gemütsstörung (Depression wegen der Nichterfüllung von Wünschen), Körperschwäche, unnatürliches Ein- und Ausatmen sind die Begleiterscheinungen eines zerstreuten Geistes.

32 *tat-pratiṣedha-artham ekatattva-abhyāsaḥ.*
Um diese Hindernisse zu beseitigen, (soll man) die Konzentration auf die Einheit üben.

33 *maitrī-karuṇā-muditā-upekṣāṇāṃ sukha-duḥkha-puṇya-apuṇya-viṣayāṇāṃ bhāvanātaś citta-prasādanam.*
Die Verwirklichung von Liebe, Mitleid, Heiterkeit und Gleichmut in bezug auf Freude und Leid, Gutes und Böses (führt zur) Abgeklärtheit des Geistes.

KOMMENTAR

Ein aufmerksamer Blick auf diese detaillierte Aufzählung der Hindernisse, denen man auf dem Yogaweg begegnet, wird uns zeigen, daß die neun Hindernisse, die in Sūtra 30 erwähnt werden, eigentlich neun Arten von psycho-mentalen Vorgängen (*vṛttis*) sind, die nacheinander entstehen, wenn man die Notwendigkeit erkannt hat, keine Wahl zu treffen. Selbst die Entscheidung, keine Wahl zu treffen, ist eine *vṛtti*, aber sie ist von der Art, die die Wurzeln des vorstellenden Wählens selbst angreift. Es ist eine Ausübung der Freiheit in einer negativen Tat, wie ein Schwimmen gegen die Strömung der Identifizierungen (*vṛtti-sārūpya*). Diese Gegenbewegung auf den Ursprung der wählenden Neigung selbst hin muß mit Notwendigkeit den ganzen Komplex der bedingten Psyche in Aufruhr versetzen. Es kommt zu einem Zusammenstoß zwischen zwei verschiedenen Arten von Energie: einerseits der absteigenden Energie der Bedingtheit, wie der Druck der Schwerkraft nach unten, und andererseits der aufsteigenden Energie, die aus der Einsicht entstanden ist, daß man sich des Wählens enthalten soll, um frei zu werden von den Identifizierungen und von dem Strom der Bedingtheit. Das erste Hindernis, das einem auf dieser seltsamen Reise des Yoga begegnet, ist ein Gefühl der Krankheit (*vyādhi*). Dies ist nicht die Krankheit, an die wir in unserem alltäglichen, konditionierten Leben gewöhnt sind. Es ist eine völlig andere Art von Krankheit. In gewissem Sinn ist es ein Widerstand gegen die Gewohnheit, die im Grunde ein ständiges psychosomatisches Leiden darstellt. Wir setzen sie nur irrtümlich mit Gesundheit und Wohlergehen gleich. Wenn man von irgendeiner Gewohnheit überfallen wird, tötet man seine Offenheit und sein Gespür für das, »was ist«. Und dieser Zustand wird brutal erschüttert durch den allerersten Schritt auf dem Yogaweg. Das ruft eine seltsame Art von Krankheit hervor.

Das zweite Hindernis ist ein Gefühl der Starrheit oder Trägheit (*styāna*). Hier handelt es sich wieder um eine Stumpfheit, die einer ganz anderen Ebene angehört. Sie tritt auf, wenn man das erste Hindernis überwunden hat. Dann setzt ein gewisses Gefühl der

Erschöpfung ein. Es ist eine Trägheit, die der gewöhnlichen Stumpfheit genau entgegengesetzt ist. Die natürliche oder bedingte Trägheit ist immer das Opfer von äußeren Kräften. Dieses neue Gefühl der Stumpfheit (*styāna*) ist das Ergebnis einer zeitweisen Erschöpfung als Folge des Aufsteigens einer ganz selbständigen inneren Kraft.

Das dritte Hindernis ist der Zweifel (*saṃśaya*), eine zeitweise Unfähigkeit, zwischen der alten und der neuen Trägheit zu unterscheiden. Wenn man in diesem Zustand des Zweifelns und der Unschlüssigkeit ist, neigt man dazu, nachlässig zu werden. Man meint dann, daß man sich in der Entscheidung, den Yogaweg einzuschlagen, getäuscht habe. Diese Nachlässigkeit oder der Irrtum (*pramāda*) ist das vierte Hindernis. Aber das kann nicht lang dauern, weil in dem Augenblick, in dem man sich der absoluten Richtigkeit des Nicht-Wählens bewußt wird, die Neigung zur Nachlässigkeit und zum Irrtum verschwindet. Man befindet sich wieder auf dem Yogapfad. Aber dieses Zurückkommen auf den Yogaweg erzeugt ein neues Hindernis. Es ist dies das Gefühl der Sicherheit, daß man von nun an keine Fehler mehr machen wird. Dieses Gefühl der Sicherheit ist eine *vṛtti*, die einen vom Weg abführt, indem sie einen bequem und träge macht (*ālasya*). Diese Trägheit ist eine Art von geistiger und körperlicher Schwere. Diese führt zu einem anderen Hindernis, nämlich *avirati*, der Gier oder Sucht nach den Sinnesgegenständen. Aber wenn man die Schrecken dieser Gier erkennt, die einen wieder in die Vergangenheit zurückwirft, entkommt man ihr, allerdings nur, um in eine neue Falle zu geraten. Nicht mehr die Gegenstände der körperlichen Sinne, sondern die der außersinnlichen Wahrnehmung sind nun die Verführer. Die Trägheit (*ālasya*) ist wie ein psychischer Schlaf, in dem man zu träumen beginnt. So hat man Visionen von Göttern oder Gurus oder von so seltsamen Dingen, daß man geneigt ist, dieses Phänomen einer »göttlichen Heimsuchung« zuzuschreiben. Man gibt diesen seltsamen Visionen meist ein großes Gewicht, als würden sie eine höhere Ebene des Seins oder der Erfahrung anzeigen. Tatsächlich bestehen diese Visionen (*bhrānti-darśana*) aus demselben Material, aus dem die gewöhnlichen Träume gemacht sind. Es gibt zwei Arten von Träumen: solche, die physiologisch verursacht sind, und solche, die psychologisch verursacht sind. Beide sind Abarten der *vṛtti*, die vorher Irrtum (*viparyaya*) genannt wurde (I 6). Der Yoga verwirft diese sogenannten »göttlichen Heimsuchungen« als völlig illusorisch.

Wenn man die Hindernisse *ālasya*, *avirati* und *bhrāntidarśana* (5, 6 und 7) überwunden hat, wird man mit einem neuen Hindernis konfrontiert, das *alabdha-bhūmikatva* genannt wird, d. h. ein Gefühl des Versagens, daß es einem noch nicht einmal gelungen ist, den festen Grund des Yoga zu berühren, um den man sich doch so bemüht hatte. Aber dieses Gefühl des Versagens kann nicht lange anhalten, weil man einsieht, daß es jetzt keine Rückkehr mehr gibt zu dem alten Schrecken des konditionierten Bewußtseins und des daraus entstandenen Elends. Wenn man das klar erkennt, löst sich das Gefühl des Versagens von selbst auf, und man nimmt die Situation hin, so wie sie ist. Dann berührt man plötzlich und unerwartet den Grund des Yoga oder des Zustandes der Versenkung. Dabei wird man natürlich von Freude erfüllt. Aber dies ist ein voreiliges Gefühl der Erfüllung – ein innerer Vorgang, der die Berührung mit dem Yoga-Grund wieder negiert, selbst wenn sie wirklich stattgefunden hat. Dies führt zu dem neunten und letzten Hindernis, *anavasthitatva* genannt, d. h. das Nicht-Befestigtsein im festen Grund des Seins, also im Yoga, obwohl man ihn für eine kurze Zeit tatsächlich berührt hat. Hier sieht man wieder den Fehler der Ungeduld – die mächtigste und verführerischste Täuschung der Zeitlichkeit. Die Zeitlichkeit oder die Identifizierung mit der nicht endenden Folge von Vergangenheit, Gegenwart und Zukunft ist das letzte und mächtigste Hindernis für die Begründung im Zustand des Yoga (*yoga-bhūmikā*). An diesem Punkt muß man erkennen, daß die zeitliche Abfolge die Wurzel aller anderen Arten von Bedingtheiten ist. Die Zeit oder Zeitlichkeit liegt der endlosen Aufeinanderfolge von Hoffnung und Verzweiflung, Verzweiflung und Hoffnung zugrunde. Die Identifizierung mit dieser Falle des Geistes ist am schwierigsten zu umgehen.

Dieses Hindernis kann nur dadurch überwunden werden, daß

man die Ungeduld, der man immer wieder verfällt, einer scharfen Prüfung unterzieht. Was ist Ungeduld? Ist sie nicht ein Wunsch, schnell ans Ziel zu gelangen, es zu erreichen, die Erfüllung zu erlangen? Aber ist Yoga ein Ziel, das man durch irgendeine egozentrische Bemühung erreichen kann? Hat man nicht schon erkannt, daß der erste Schritt zu Yoga darin besteht, sich frei für das Nicht-Wählen zu entscheiden, ganz gleichgültig, wohin es führen mag? Und wenn man einmal diesen Schritt getan hat, wo bleibt das Ziel, das nichts anderes ist als eine Utopie, die aus der einen oder anderen *vṛtti* geboren wurde? Und was für einen Sinn hat die Ungeduld in diesem völlig neuen Abenteuer – einer Reise auf den Gewässern des Großen Unbekannten?

Diese Art der Meditation schließt die verführerische Macht der Zeitlichkeit aus, die durch die *vṛtti* der Ungeduld wirksam wird. Man erkennt dann die Wahrheit, daß das Ausharren in einem Zustand wahlfreier Bewußtheit mit wacher Aufmerksamkeit auf jede einzelne *vṛtti* – wie sie entsteht, eine Weile andauert und dann wieder verschwindet – die einzige Weise ist, mit seinen Füßen fest auf dem Grund existentieller Wirklichkeit zu bleiben. Die wahlfreie Bewußtheit, von Augenblick zu Augenblick, ist der wichtigste Schlüssel, um jede Tür zu öffnen, die ein Hindernis auf dem Yogapfad darstellt. Es ist ein Pfad außerhalb von Zeit und Raum. Dieser Pfad führt in eine Welt einer radikal neuen Dimension oder vielmehr in eine Welt, die keine sprachliche Beschreibung je ausdrücken kann. Worte, Erfahrungen und Zeitlichkeit müssen aufhören, damit die Welt des Yoga sein kann.

Sūtra 31 nennt einige Störungen, die meist die neun Hindernisse des letzten Sūtra begleiten. Diese sind Leid oder Schmerz (*duḥkha*), Gemütsstörung, die durch das Nichterfüllen eines Wunsches verursacht ist (*daurmanasya*), Körperschwäche (*aṅgamejayatva*) und unnatürliches oder unangenehmes Ein- und Ausatmen. Es ist in diesem Zusammenhang wichtig festzuhalten, daß, wenn man sich einmal für den Yogaweg entschieden hat, man auf alle Arten von Schwierigkeiten gefaßt sein muß. Die Hindernisse entstehen durch den Widerstand, den das von falschen Identifizierungen bedingte Bewußtsein dem *vṛtti-nirodha* notwendig leisten muß, weil es in ihm seinen Tod erblickt. Der ganze Komplex des psychosomatischen Organismus wird gewaltsam bis auf seine Grundfesten erschüttert durch den negativen Akt der Freiheit vom Wählen und dadurch, daß man in einem Zustand des Nicht-Identifizierens mit den *vṛttis* lebt. Es ist der Anfang einer Verwandlung im gesamten Bereich des bedingten Bewußtseins. Infolgedessen muß einer, der sich für Yoga entschieden hat, notwendig auf alle Arten von Stürmen und schlechtem Wetter vorbereitet sein, die durch die Wirkung der letzten Widerstandskämpfe von seiten des konditionierten Bewußtseins verursacht werden. Wenn der Körper und die Psyche einmal aus ihrer Festung der Sicherheit und Bequemlichkeit herausgeführt wurden, müssen sie alles unternehmen, was in ihrer Macht steht, um einen davon abzuhalten, auf dem Yogaweg weiter fortzuschreiten. Die Sūtren 30 und 31 beschreiben, welche Formen dieser Widerstand gegen die Verwandlung in Körper und Seele annimmt.

Sūtra 32 empfiehlt ein Ausharren in der Übung der Konzentration auf einen Punkt, d. h. ein Feststehen in einer Leere frei von *vṛttis*. Diese Leere wird immer wieder gefüllt werden und gewaltsam gestört durch Stürme von *vṛttis*, die durch die Macht der Gewohnheit an die Oberfläche gedrängt werden. Alle diese Stürme werden auftauchen, Störungen hervorrufen und von selbst wieder verschwinden, weil man aufgehört hat, sich mit ihnen zu identifizieren. Wenn so die treibende Kraft aufgehört hat, wirksam zu sein, muß der Schwung der Räder der *vṛttis* sich notwendig verlangsamen und schließlich stillstehen. Es bedarf einer ungeheuren Energie, die die Klarheit der Erkenntnis immer begleitet. Es ist nur die Vernebelung der Erkenntnis, die alle Schwierigkeiten schafft. Daher wird das Ausharren in der Übung der Einheit empfohlen, um alle Schwierigkeiten auszuschließen. *Ekatattva* in Sūtra 32, das als ein Adjektiv zu *abhyāsa* erscheint, ist nicht ein Ideal oder ein vorgestelltes Prinzip, getrennt von der Übung, wie sie in Sūtra 13 definiert wurde. Das tätige Interesse an *sthiti*, d. h. einem Zustand der Leere frei von *vṛttis* (d. h. Übung, *abhyāsa*), ist selbst mächtig genug, um alle möglichen Hindernisse des Yoga abzuwehren und zu überwinden.

Das Kompositum *eka-tattva-abhyāsa* bedeutet: *abhyāsa*, Übung als das eine einzige, allumfassende Prinzip des Lebens. *Tattva* heißt »Das-heit«. »Dasheit« von allem durchdringt eigentlich die ganze Welt und ebenso den psychosomatischen Organismus. Sie gehört nicht mir oder dir. Niemand kann sie für sich beanspruchen als seinen ausschließlichen Besitz. Daher ist ein Zustand der Leere, frei von *vṛttis* einerseits und »Dasheit« von allem andererseits, eine Vorbedingung für den Zustand des Yoga. Dieser Zustand ist eine Verbundenheit mit der Existenz als ganzer. Das ist mit *ekatattva-abhyāsa* gemeint.

Was in Sūtra 33 dargelegt wird, tritt ein, nachdem alle Hindernisse abgewehrt wurden durch eine Intensivierung der Übung, wie es das vorhergehende Sūtra nahelegt. Die Wasser des Geistes sind nun klar und ruhig, nachdem die Wellen vieler Stürme vorübergegangen sind. Nun gibt es nichts mehr, was das ruhige Wasser des Geistes trüben könnte. Und ebenso wie das stille Wasser eines Sees den Himmel darüber klar widerspiegelt, spiegelt das stille Wasser des Geistes nun klar die Wirklichkeit des menschlichen Lebens. Diese Wirklichkeit ruft vier Gefühle hervor, die die Aufgabe haben, das Wasser des Geistes für immer klar und rein zu halten. Die Zeitlichkeit kann die Stille dieses Wassers nicht trüben, weil diese Gefühle aus der Stille selbst geboren sind.

Die Störungen, die von nun an auftreten, stammen von zwei verschiedenen Spannungen: Die eine ist der Gegensatz zwischen Freude und Leid oder Glück und Unglück, die andere ist der Widerspruch zwischen Tugend und Sünde, Gut und Böse. Freude und Leid sind die zwei Grundformen der menschlichen Erfahrung. Sie haben nichts mit richtig und falsch, wahr und unwahr, gut und böse zu tun. Sie sind den Erfahrungen innewohnende Eigenschaften (*dharma*). Und nach der wiederholten Aufeinanderfolge dieser von Freude und Leid bestimmten Erfahrungen, wenn sich diese den Gehirnzellen oder der geistigen Substanz eingeprägt haben und der Mensch mit dem Elend konfrontiert ist, das sie mit sich bringen, ergreift er moralische Maßnahmen, um das Elend abzuwehren. So entstehen Tugend und Sünde auf der Bühne des menschlichen Lebens. Aber das Vermeiden der Untugend oder

Sünde und die Befolgung von Tugend oder Sündlosigkeit sind unfähig, das Elend zu lösen, das die Spannung zwischen Freude und Leid hervorruft. Man kann nicht einen Widerspruch durch einen anderen bekämpfen. Der Widerspruch selbst muß aufhören, damit sich das Leben in Freiheit und Kreativität entwickeln kann.

Sūtra 33 schlägt genau diesen Weg vor, um alle Bedrohungen für die Reinheit und Klarheit des Geistes abzuwehren, die in der Form dieser zwei Dichotomien auftreten. Wenn der Geist still und kristallklar ist, erzeugt er ein Gefühl der grenzenlosen Freundlichkeit oder Liebe, das die ganze menschliche und außermenschliche Welt umfaßt. Keine Spannung und keine Dualität kann es trüben, es ist unumschränkt in seiner existentiellen Echtheit.

Es ist dieses Gefühl (*bhāvanā*) der Freundlichkeit (*maitrī*), das dem Geist eine so zarte Empfindsamkeit gibt, daß es in ein Gefühl des Mitleids (*karuṇā*) überfließt, wenn er irgendein Wesen elend oder leidend findet. Diese Haltung erklärt der ganzen Menschheit in einer Sprache heiligen Schweigens, daß der einzige Weg, das Elend aus dem Leben zu schaffen, darin besteht, zu allen Wesen freundlich und mitleidsvoll zu sein. Und das bloße Erkennen dieser Wahrheit bringt ein solches Gefühl der Freude (*mudita*) im Geist hervor, daß man nicht einmal mehr träumen kann, etwas zu tun, das mit der Disziplin des Yoga nicht übereinstimmt.

Die Meditation (*bhāvanā*) über diese Dreiheit der Gefühle bewahrt den Geist rein und kristallklar, so daß die Erkenntnis der Wahrheit nie getrübt werden kann. Einer, der in seinem Geist eine solche Reinheit und Klarheit erreicht hat, verharrt in einem Zustand von *upekṣā*, von Augenblick zu Augenblick. Dieses Wort stammt von der Wurzel *īkṣ*, die bedeutet: sehen, mit dem Präfix *upa*, das Nähe andeutet. *Upekṣā* heißt also: in einem Zustand der Nähe zu der reinen Sehkraft sein, ohne irgend etwas zu erwarten (*apekṣā*), daher auch Geduld. In diesem Zustand der Meditation konzentriert sich die ganze Energie des Seins auf das »Sehen«, mit dem Ausschluß sämtlicher *vṛttis*.

In den folgenden Sūtren werden weitere Alternativen zu *citta-vṛtti-nirodha* dargelegt, neben dem Weg der Gotteserkenntnis. Wir werden sie im nächsten Kapitel behandeln.

G Die alternativen Wege
(Sūtren 34–39)

34 *pracchardana-vidhāraṇābhyāṃ vā prāṇasya.*
Oder (Meditation mit Hilfe) des Ausstoßens und Anhaltens des Atems (führt zur Ruhe des Geistes).

35 *viṣayavatī vā pravṛttir utpannā manasaḥ sthitinibandhanī.*
Oder (Meditation über) das Entstehen einer intensiven Beschäftigung in bezug auf einen Gegenstand führt zur Festigkeit des Geistes.

36 *viśokā vā jyotiṣmatī*
Oder (Meditation über) einen Zustand der Leidlosigkeit, der die Eigenschaft der Erleuchtung hat (führt zur Festigung des Geistes).

37 *vītarāga-viṣayaṃ vā cittam.*
Oder (Meditation über) einen Geisteszustand, der frei ist von der Begierde nach den Sinnesgegenständen (führt zur Festigung des Geistes).

38 *svapna-nidrā-jñāna-ālambanaṃ vā.*
Oder (Meditation über) die Erfahrung, die im Traum oder im Schlaf gewonnen wurde (führt zur Festigung des Geistes).

39 *yathā-abhimata-dhyānād vā.*
Oder durch Meditation über einen geliebten Gegenstand (erlangt man die Ruhe des Geistes).

KOMMENTAR

Wie wir schon gesehen haben, werden in Sūtren 23–39 verschiedene Wege aufgezeigt als Alternativen für Übung (*abhyāsa*) und Loslösung (*vairāgya*), die einem helfen sollen, der Yoga-Disziplin zu folgen. Was diese alternativen Methoden von dem ursprünglichen Weg des *abhyāsa-vairāgya* unterscheidet, ist, daß beim letzteren alle Worte und Erfahrungen, die zu einem Zustand der Ruhe oder Festigkeit (*sthiti*) frei von *vṛttis* führen können, völlig ausgeschaltet werden, während die erste Methode in der intensiven Konzentration auf *einen* Gegenstand besteht, unter Ausschluß aller fragmentarischen *vṛttis*. Daher, während Übung und Verzicht zuerst zu einem qualifizierten und dann zu einem uneingeschränkten *samādhi* führen, erzeugen diese alternativen Wege nur einen ruhigen, gefestigten Gemüts- und Geisteszustand (*sthiti*), in dem die Notwendigkeit von *abhyāsa-vairāgya* für eine feste Gründung in der Yoga-Disziplin deutlich wird.

Es ist notwendig, den Unterschied zwischen den primären und den sekundären Methoden zu erkennen. Die grundlegende Frage, die sich im Hinblick auf die yogische oder nicht-yogische Lebensweise erhebt, ist die: Worin besteht das Wesen und die Bedeutung der Beziehung des Menschen zu der Welt, in der er sich befindet? Was ist es, das den Menschen mit der äußeren Welt verbindet, die ihm meistens sinnlos erscheint oder die ihm ein ständiges Fragezeichen vor Augen hält? Er mag die gegenständliche Welt für seine Zwecke gebrauchen, er mag Instrumente entdecken, die einer besseren und wirksameren Ausbeutung der äußeren Welt für seine eigenen egozentrischen Absichten dienen, und er mag ein Gefühl der Hoffnung oder Gewißheit hegen, daß die Entdeckung immer wirksamerer Instrumente die einzige Weise ist, die es dem Menschen ermöglicht, seine Herrschaft über die gesamte Ordnung der Natur auszudehnen.

Aber nach mehr als zwei Millionen Jahren menschlicher Existenz auf dieser schönen Erde und über dreihundert Jahren atemberaubender Entdeckungen im Bereich der Naturwissenschaft und Technik bleibt die grundlegende Frage nach dem Wesen und der

Bedeutung des Verhältnisses des Menschen zur Natur immer noch offen. Zu den wenigen, die sich diese Frage gestellt haben und ihr bis an ihr bitteres Ende nachgegangen sind, gehören die vedischen und die buddhistischen Seher. Und es sind die Erkenntnisse dieser Seher und ihre weitreichenden, erschütternden Implikationen, die den Gegenstand des Yoga-Darśana ausmachen.

Diese Frage wird besonders im IV. Teil des Textes behandelt. Die Sūtren 16 und 17 dieses Teiles sagen aus, daß die Wirklichkeit (*vastu*) nicht von solcher Art ist, daß sie willkürlich von irgendeinem Individuum manipuliert werden kann. Und der Mensch hat nur einen Geist, der ihn befähigt, das existentielle Wesen und die realistische Bedeutung seiner Beziehung zur äußeren Welt, der menschlichen wie der nicht-menschlichen, zu entdecken. Die objektive Welt, in der sich der Mensch befindet, existiert in ihrer eigenen Macht und Unabhängigkeit. Sie besteht – und sie dauert fort – unabhängig von der Existenz des Menschen auf diesem Planeten. Die Frage ist die: Was kann bewirken, daß der menschliche Geist in eine sinnvolle Beziehung zur objektiven Welt (*vastu*) tritt? Die Antwort lautet: das leidenschaftliche Interesse des Menschen an der Wirklichkeit (*vastu*). Der Mensch muß zu den natürlichen Quellen gehen, wenn er durstig ist. Er muß seine Nahrung in der natürlichen Welt finden, wenn er hungrig ist. Das ist ein existentieller Imperativ. Es gibt keinen Ausweg daraus, es sei denn, der Mensch will Selbstmord begehen. Und wenn er sich für diese verhängnisvolle Alternative entscheidet, die ihm natürlich aufgrund der Freiheit, in der er geboren wurde, offensteht, dann ist das ganze Spiel zu Ende. Daher bleibt das einzige Bedeutungsvolle Bindeglied (*yoga*) zwischen dem Menschen und der Welt sein leidenschaftliches Interesse an der objektiven Welt (*vastu*). Davon hängt sein Überleben ab. Und die Erforschung des Wesens und der Bedeutung dieser natürlichen Beziehung allein kann die *raison d'être* der menschlichen Existenz auf dieser Erde und in diesem weiten und grenzenlosen Universum offenbaren. Ohne das intensive Interesse an dieser grundlegenden Fragestellung muß jede andere Fragestellung, die damit nichts zu tun hat, notwendig zu irgendeiner Form der Täuschung führen.

Der Yoga behauptet daher, daß die Beziehung des Menschen zu seiner Welt, ihr Wesen und ihre Bedeutung, der grundlegende Gegenstand der Erforschung sein muß, wenn das naturgegebene, leidenschaftliche Interesse an der »Sache« (*vastu*) für das Überleben des Menschen wirklich eine Notwendigkeit darstellt. Jeder Akt der Erfahrung oder der Erkenntnis hängt von diesem leidenschaftlichen Interesse des Menschen an der »Sache« ab. Würde ein solches auf das Existentielle ausgerichtete Interesse fehlen, so wäre keine Erfahrung und keine Erkenntnis möglich. Die Welt als »Sache« wird jeweils erkennbar bzw. unerkennbar sein, in dem Maß des leidenschaftlichen oder fehlenden Interesses des Menschen an der »Sache«.

Es sollte nun klar sein, warum der Yoga die Aufmerksamkeit des Menschen auf die höchste Notwendigkeit der Reinheit und Klarheit der Schau (*darśana*) lenkt, um das Wesen und die Bedeutung der Beziehung des Menschen mit der objektiven Welt zu verstehen, und zweitens, warum der Yoga die Aufmerksamkeit auf die andere grundlegende Tatsache lenkt, daß eine solche Reinheit und Klarheit der Schau nur möglich ist, wenn der menschliche Geist von allen blinden, selbsttäuschenden und selbstzerstörenden Identifizierungen mit seinen *vṛttis* befreit ist.

Die Sūtren legen daher zwei Weisen dar, um den Geist in diesen ruhigen, stetigen Zustand (*sthiti*) zu versetzen, in dem allein die Wahrnehmung dessen, was ist, innerlich und äußerlich, in seiner existentiellen Wahrheit möglich ist: Erstens, sich frei und mühelos für das Nicht-Wählen entscheiden, was von selbst zu Übung und Loslösung führt, und zweitens, Meditation über irgendeine Form eines leidenschaftlichen Interesses an irgendeiner »Sache« oder einem wirklichen Gegenstand (*vastu*) unter Ausschluß aller fragmentarischen *vṛttis*. Man muß beachten, daß auch der erste und ursprüngliche Weg sich auf ein leidenschaftliches Interesse an der »Sache« gründet, nur hängt dieses Interesse von nichts ab, während der zweite Weg von einem leidenschaftlichen Interesse an einem wirklichen Gegenstand abhängt. In beiden Fällen ist es das leidenschaftliche Interesse an der Sache, das den Menschen existentiell mit der objektiven Welt verbindet – im Gegensatz zu allen Arten von Vorstellungen oder *vṛttis*. Die Unterscheidung zwischen einem leidenschaftlichen Interesse an der »Sache« und einer *vṛtti* ist wesentlich: Im ersten Fall ist es der ganze Geist, die Ganzheit der geistigen Existenz, die mit dem leidenschaftlichen Interesse an der Sache in Beziehung steht, während eine *vṛtti* ein fragmentarisches Aufwallen in der geistigen Substanz ist, ausgelöst durch eingeborene Sympathien und Antipathien oder durch vergangene Eindrücke in den Gehirnzellen oder in der Psyche, die durch das in der Gegenwart Gesehene oder Erfahrene entstehen.

Es ist dieses existentiell ausgerichtete »leidenschaftliche Interesse an der Sache« (*taduparāga*), das den Gegenstand des Yoga-Darśana bildet. Und die Sūtren erklären uns, daß dieses Interesse sich auf einer Ebene bewegen muß, auf der kein Platz ist für irgendwelche Identifizierungen, mentale oder psychische, weil eine solche Identifizierung ein Aufgeben der freien und objektiven Erforschung mit sich bringt.

Sūtra 34 liefert uns ein bezeichnendes Beispiel der Art der Erforschung, die der Yoga meint. Dieses Sūtra lenkt die Aufmerksamkeit auf das natürliche oder existentielle Phänomen des Atmens. Atmen und Leben sind so eng miteinander verknüpft, daß sie, grob gesprochen, voneinander abhängig sind; sie bedingen sich gegenseitig. Wenn man leidenschaftlich am Leben interessiert ist, wird eine Zeit kommen, wenn das Atmen, das Korrelat des Lebens, einen ebenso intensiv anzieht und interessiert. Das könnte mehr sein als eine müßige *vṛtti* der Neugier. Es würde völlige Aufmerksamkeit erfordern und den Geist in seiner Ganzheit in Anspruch nehmen, ebenso wie das leidenschaftliche Interesse am Leben selbst die Ganzheit des eigenen Seins miteinbezieht. In dem Moment, in dem das geschieht, beginnt man sein immer vollzogenes Atmen mit totaler und wachsamer Aufmerksamkeit zu beobachten. Das ist es, was mit dem Wort *dhyāna* oder Meditation gemeint ist. Es ist nicht Denken, Spekulieren oder Vorstellen. Es ist reines Schauen, objektive Beobachtung, in der nichts Subjektives Platz hat. Als erstes entdeckt man in einem solchen Zustand der Meditation, daß Aussagen wie »ich atme« oder »mein Atem« völlig sinnlos sind. Das Atmen geht vor sich, unabhängig davon, ob man irgendeine Aussage darüber macht. Es hat nichts zu tun mit der nicht zu unterdrückenden Tendenz des Menschen, die Dinge zu bereden. Man ist also in einem Zustand, in dem völliges Schweigen herrscht. Es ist ein Schauen, Beobachten, Wahrnehmen – aber selbst das hat nichts zu tun mit »mir«. Das Schauen und Wahrnehmen ist ebenso eine vorgegebene Tatsache wie das Atmen. Das Schauen und Wahrnehmen macht einem die existentielle Tatsache des Atmens *bewußt*. Das ist alles. Es ist nicht *mein* Bewußtsein oder das Bewußtsein von jemand anderem. Es gibt nur ein »Schauen« auf der einen Seite und ein »Atmen« auf der anderen. Die zwei sind nicht eins, sie sind zwei unterschiedene Dinge, sowohl natürlich wie existentiell. Was sie miteinander verbindet, ist das Entstehen eines leidenschaftlichen Interesses am Atmen als eines Bestandteils des Lebens. Dieses leidenschaftliche Interesse gehört zu dem Geist als ganzem (*citta*). Der Geist ist nun so erfüllt von diesem leidenschaftlichen Interesse, daß kein Platz in ihm bleibt für irgendeine fragmentarische *vṛtti*. Es ist diese Ganzheit des Geistes in einem Zustand gleichmäßiger Ruhe, die die Yoga-Disziplin ins Dasein ruft. Und in diesem beständigen Zustand der Ruhe wird der »Sehende« (oder das reine Schauen) einerseits und das »Gesehene« andererseits (in diesem Fall das Atmen als natürliches Phänomen) widergespiegelt. Die zwei existentiellen Wirklichkeiten werden so in einer bedeutungsvollen Beziehung zusammengeführt. Wahrnehmung und Objektivität sind aufeinander bezogen in ursprünglicher Reinheit und Schönheit.

In diesem Zustand macht man wunderbare Entdeckungen. Man bemerkt, daß am Ende des Ausatmens jeweils eine kleine Pause eintritt, ein Stillstand, der den Begriff der Kontinuität in Frage stellt – ein Produkt des *vṛtti-sārūpya*, in den man verwickelt war, bevor man diesen neuen und einmaligen Zustand der Meditation entdeckte. Man sieht nun, daß nichts in diesem Universum kontinuierlich ist. Auf dem Grund scheinbarer Kontinuität gibt es eine Bewegung der Diskontinuität, die dem ganzen Leben eigen ist.

Nach dieser außergewöhnlichen Wahrnehmung bemerkt man, daß die Pausen am Ende des Ein- und Ausatmens sich zu verlängern beginnen und diesem beständigen Zustand eine neue Tiefe verleihen, die das ganze Geheimnis der Beziehung zwischen dem Leben und der objektiven Welt zu umfassen scheint. Das ursprüngliche, leidenschaftliche Interesse erlangt nun die Erleuchtung der Einsicht. So entdeckt man plötzlich den Sinn einer Aussage, die später im II. Teil vorkommt, und zwar daß »Meditation über das Atmen den Schleier über der inneren Erleuchtung beseitigt« (II 52). Eine erstaunliche Entdeckung! Es ist nicht mehr ein isolierter Akt des Atmens eines beliebigen Individuums. Es ist so, als ob die Luft, die ein integrierender Bestandteil der objektiven Welt ist, eine Botschaft zu geben hätte. Das atmende Subjekt, das man fälschlicherweise »ich« oder »mich« nennt, ist ein bedeutsamer Brennpunkt, in dem die gesamte objektive Welt konvergiert und dem »Sehenden« eine Erfahrung schenkt, die in »reines Schauen« mündet. Es ist, als ob ein ewiges Geben und Nehmen vor sich ginge, von Augenblick zu Augenblick, in dem weder Zeit noch Raum noch die Umstände von Bedeutung erscheinen für das Erfahren und Sehen. Es ist ein vitales, dynamisches und sinnvolles ökologisches Gleichgewicht zwischen dem »Sehenden« und dem »Gesehenen«. Die Wirklichkeit reiner Wahrnehmung hat somit ökologische Bedeutung. Die ökologische Gleichgewichtsstörung, die gegenwärtig eine Bedrohung des Überlebens auf der Erde darstellt in der Form globaler Umweltverschmutzung, wird so erkannt als ein Ergebnis einer falschen Wahrnehmung und eines in die Irre gegangenen Geistes.

Man entdeckt auch, daß eine vitale Beziehung besteht zwischen den Pausen, die am Ende des Ein- und Ausatmens eintreten, und der Beständigkeit oder Ruhe des Geistes (*sthiti*). Beide sind grundlegend für die dynamische und schöpferische Disziplin des Yoga.

Sūtra 35 gibt ein anderes, ebenso sprechendes Beispiel dafür, wie Meditation über einen Gegenstand leidenschaftlichen Interesses, das sich plötzlich in bezug auf ein wirkliches Objekt im Geist einstellt, zu einem stetigen Zustand der Ruhe und bis zur Versenkung (*samādhi*) führt. Man verliebt sich z. B. in eine Person des anderen Geschlechts. Das leidenschaftliche Interesse an dem bestimmten Gegenstand – der Person des anderen Geschlechts – beansprucht den ganzen Geist und läßt keinen Platz für irgendeine fragmentarische Bewegung in der Form von *vṛttis*. Stürmische Ereignisse werden geschehen, wenn die Person, die der Gegenstand großer Leidenschaft ist, nicht in der erwarteten Weise antwortet. Selbst dann beherrscht die Leidenschaft den ganzen Geist und erzwingt eine Meditation über ihr Wesen und ihre Bedeutung für das eigene Leben. Diese Meditation führt zur Entdeckung des wirklichen, existentiellen Wesens der Beziehung zwischen zwei Menschen. Freundschaft oder Liebe, Mitleid und die Seligkeit einer menschlichen Beziehung entfalten sich so vor dem Blick und entfernen alle dunklen Schichten früherer Bedingtheit, die die Erkenntnis verfinstern. Nicht mehr die bestimmte Person steht nun im Blickpunkt, sondern das leidenschaftliche Interesse, das dem Geheimnis menschlicher Beziehung als solcher zugrunde liegt. Es führt zu der bedeutenden Entdeckung, daß ohne Liebe alles nur trockenes Land ist, in dem kein Grashalm je wachsen kann. Das führt zu einer Stille, in der alle Stürme zur Ruhe kommen. Das leidenschaftliche Interesse entfaltet sich nun in einer Klarheit und Reinheit der Schau, die zur Yoga-Disziplin hinführt.

Die übrigen Sūtren dieser Gruppe, die wir betrachten, müssen in demselben Sinn verstanden werden. Es ist nicht notwendig, alle diese Alternativen zu verstehen. Jede, die ein leidenschaftliches Interesse hervorruft, dient demselben Zweck.

Es sollte aus der vorhergehenden Erläuterung klar geworden sein, daß Yoga keine dogmatische Lehre oder ein geschlossenes Denksystem oder eine Ideologie ist. Im Gegenteil, alle solchen systematischen Denkvorgänge sind ein Hindernis für Yoga. Alles, was der Yoga vom Menschen verlangt, ist ein leidenschaftliches Interesse an etwas, das ihn vital mit irgendeiner wirklichen »Sache« (*vastu*) verbindet. Das wird in Sūtra 39 absolut deutlich. Ein »leidenschaftliches Interesse«, weil es ohne dieses keine echte Grundlage für eine ernste Erforschung des existentiellen Wesens der Beziehung von Mensch zu Mensch und zur objektiven Welt geben kann. Menschen, die kein solches leidenschaftliches Interesse an einer wirklichen Sache aufbringen können, sind nicht wirklich menschlich. Sie werden weiterleben wie tote Holzklötze, die auf den Wassern des Lebens im Winde treiben.

H Von der Festigkeit zur Transparenz

(Sūtren 40–46)

40 *parama-aṇu-parama-mahattva-anto'sya vaśīkāraḥ.*
Die Beherrschung des (gefestigten Geistes) reicht vom kleinsten Atom bis zur höchsten Größe (des Himmels).

41 *kṣīṇa-vṛtter abhijātasya iva maṇer grahītṛ-grahaṇa-grāhyeṣu tatstha-tadañjanatā samāpattiḥ.*
Wenn die seelisch-geistigen Vorgänge zur Ruhe gekommen sind, wird der Geist (transparent) wie ein Kristall, (der die Beziehung von) Erkenner, Erkennen und Erkanntem widerspiegelt. Diese Einheit und dieses Durchdringen wird *samāpatti* (betrachtende Vereinigung) genannt.

42 *śabdārtha-jñāna-vikalpaiḥ saṃkīrṇā savitarkā.*
Wenn diese Betrachtung (*samāpatti*) eine Mischung der Vorstellungen von Wort, Sinn und Erkenntnis enthält, ist sie eine mit dem Denken verbundene Meditation (*savitarkā*).

43 *smṛti-pariśuddhau svarūpa-śūnyā iva arthamātra-nirbhāsā nirvitarkā.*
Wenn (der Geist) von Eindrücken der Erinnerung völlig gereinigt ist, wird er wie entleert von seiner eigenen Form, und es leuchtet nur die Wirklichkeit allein. Diese Betrachtung wird eine vom Denken freie (*nirvitarkā*) genannt.

44 *etayā eva savicārā nirvicārā ca sūkṣma-viṣayā vyākhyātā.*
Damit ist auch die Unterscheidung zwischen der mit Erwägung verbundenen (*savicārā*) und der von Erwägung freien Betrachtung erklärt sowie deren feine Gegenstände.

45 *sūkṣma-viṣayatvaṃ ca aliṅga-paryavasānām.*
Die Feinheit der Gegenstände führt zu einem Zustand ohne charakteristische Merkmale (an denen sie unterschieden werden können).

46 *tā eva sabījaḥ samādhiḥ.*
Diese (vier Arten der Betrachtung) werden als »keimhafte Versenkung« (*sabīja-samādhi*) bezeichnet.

KOMMENTAR

Es ist notwendig, einige Dinge zu berücksichtigen, um die Bedeutung dieser Sūtren zu verstehen.

Sūtra 40 spricht von der Beherrschung des Geistes, die sich von den kleinsten Teilchen bis zu dem grenzenlosen Himmel erstreckt. Das mag phantastisch erscheinen. Aber wenn wir der inneren Logik der Sūtren folgen, angefangen von Sūtra 2 bis 41, können wir vielleicht die Möglichkeiten und Potentialitäten des menschlichen Geistes in den Blick bekommen, und wir werden vielleicht fähig, sie durch die Disziplin des Yoga zu verwirklichen. Die innere Logik der Sūtren ist die folgende:

1. Sūtra 2 spricht von *citta-vṛtti-nirodha* und Sūtra 4 von *vṛtti-sārūpya*. Das letztere erzeugt einen Fluß des bedingten Bewußtseins, in dem die Menschen geboren werden, unvermeidlich Leid erfahren und dann sterben. Wenn sich einer dieser Absurdität und der Sinnlosigkeit eines derart konditionierten Lebens bewußt wird, bleibt er einen Augenblick stehen, um sich über dieses sinnlose Treiben klar zu werden. In diesem Stillstand erkennt er die Tatsache, daß an der Wurzel dieses sinnlosen Treibens die Tendenz zum Wählen liegt, die dem Menschen angeboren ist, und daß diese Tendenz sich durch angeborene Neigungen und Abneigungen auswirkt. Es ist diese Bewegung der wählenden Tendenz im Menschen, die ihn an das verwirrende und verderbliche Gefängnis von *vṛtti-sārūpya* fesselt – eine selbstgemachte Welt willkürlicher

Identifizierungen mit *vṛttis*. Einer, der diese Tatsache durchschaut, entscheidet sich dafür, nicht zu wählen, und sieht zu, was dann geschieht. Dieser negative Akt des Nicht-Wählens in der Absicht, aus dem Gefängnis des *vṛtti-sārūpya* zu entkommen, führt den Menschen zur Disziplin des Yoga.

2. Die negative Bewegung, die von dem negativen Akt des Nicht-Wählens ihren Ausgang nahm, enthüllt einem die folgenden Tatsachen: daß es zwei Arten von *vṛttis* gibt, leidvolle und leidlose (I 5); daß der Mensch dazu neigt, die leidlosen anzunehmen und die leidvollen zu vermeiden; daß dieses unkritische Annehmen oder Verwerfen falsche Identifizierungen (*vṛtti-sārūpya*) zur Folge hat und den Menschen zu einer Lebensweise führt, die von den fünffachen *vṛttis* beherrscht wird; und daß diese von *vṛtti-sārūpya* bestimmte Lebensweise das Wesen und die Struktur der konditionierten Psyche ausmacht. Die Erkenntnis dieser ganzen Struktur der Identifizierungen bestärkt einen in dem Entschluß, im Nicht-Wählen auszuharren. Diese Einsicht und dieser Entschluß führen auch zu der Entdeckung, daß die scheinbare Kontinuität der *vṛttis* oder der bedingte Bewußtseinsstrom nicht eine Tatsache, sondern eine Einbildung ist. Die Tatsache ist vielmehr die, daß die *vṛttis* nicht kontinuierlich aufeinanderfolgen und daß man, wenn man aufmerksam genug ist, zwischen zwei *vṛttis* eine Pause beobachten kann, frei von jeder Bewegung oder Tätigkeit des Geistes. Dies nennt man *sthiti*, den unerschütterlichen, ruhigen und beständigen Geisteszustand (I 12–14). Ein intensives Einüben in diesen Ruhezustand (*sthiti*) wird Übung (*abhyāsa*) genannt (I 13).

3. Bei der Übung wird deutlich, daß dieser ruhige Zustand kommt, eine Weile andauert und wieder vergeht. Das bringt einem die Tatsache zu Bewußtsein, daß es etwas im Geist geben muß, das die Bewegung der *vṛttis* verursacht, ungeachtet der Entscheidung für das Nicht-Wählen. Man entdeckt dann, daß Worte und Eindrücke vergangener Erfahrungen zwei Faktoren sind, deren vereinte Wirkung den Strom des bedingten Bewußtseins stän-

dig in Bewegung hält. Diese Erkenntnis führt einen zu einer völligen Enttäuschung (*vairāgya*) in bezug auf Worte und Erfahrungen. Man beschließt daher, sich nicht mehr auf sie einzulassen und in einem ruhigen Zustand zu verharren, der frei oder nicht beeinflußt ist von Worten und Erfahrungen. Diese Erkenntnis offenbart einem eine ganz neue Welt, in der der Geist sich ohne Hilfe von Worten und Erfahrungen frei bewegt. Diese Welt der Freiheit wird *vaśīkāra vairāgya* genannt.

4. Das Wort *vaśīkāra* kommt von der Wurzel *vaś*, die zu *vaśī* wird, verbunden mit der Wurzel *kṛ*, tun. Die dynamische Kombination dieser zwei Verben bedeutet: unterwerfen, überwinden, meistern, besiegen. Die Loslösung (*vairāgya*), die den ständigen Einfluß der Worte und Erfahrungen aufhebt, bringt eine positive innere Bewegung hervor und überwindet so die vergangenheitsbedingten Bewegungen der *vṛttis*, die immer wieder den ruhigen Geisteszustand stören. Dieses Meistern und Überwinden der fesselnden Macht vergangener Worte und Erfahrungen führt schließlich dazu, daß die Eindrücke in den Gehirnzellen und im Geist aufgehoben werden. Und in dem Maße, in dem diese vergangenen Eindrücke (*smṛti-saṃskāra*) sich erschöpfen und wirkungslos werden, wird der Geist frei, rein und kristallklar. Die Wände, die die vergangenen Eindrücke um ihn herum aufgebaut hatten, brechen zusammen, mit all dem angesammelten Schmutz, und der Geist kann sich daher frei entfalten und ausweiten, als würde er keine Grenzen oder Hindernisse kennen. Dieser freie, reine und kristallklare Geist besitzt die Kraft, sowohl den menschlichen Organismus als auch die objektive Welt, die sich bis zu den Himmeln erstreckt, bis in ihre innersten Schichten zu durchdringen.

5. Sūtra 40 besagt, daß derjenige, der gelösten Geistes *vairāgya* übt, große Meisterschaft (*vaśīkāra*) erlangt. Der ruhige, stetige Geisteszustand, vom Unrat vergangener Eindrücke gereinigt, schwingt sich zu einer Meisterschaft auf, die vom kleinsten Körperteilchen bis zur Weite des Sternenmeeres im grenzenlosen All

reicht. Sūtra 41 gibt Auskunft, wie eine solche alles umfassende und durchdringende Kraft zustande kommt.

Sūtra 41 stellt fest, daß durch die Macht der *vaśīkāra*-Bewegung der Geist rein und kristallklar wird. Und ebenso wie ein reiner Kristall die Farben von Gegenständen in seiner Nähe durchläßt, so werden nun auch die »Farben« der subtilen Wechselwirkung zwischen dem Menschen und der objektiven Welt durch den Geist transparent. Diese Wechselbeziehung findet ständig durch die Sinnesorgane statt, obwohl der Mensch, der in *vṛtti-sārūpya* befangen ist, dafür nicht empfänglich ist. Die Reinheit und Klarheit, die durch *vaśīkāra-vairāgya* entsteht, macht den Geist äußerst empfindsam für alles, was innen und außen jeden Augenblick vor sich geht. Ein solcher Geist ist daher durchlässig für den Erkenner, das Erkannte und die Instrumente des Erkennens, die Sinne, durch die der Mensch ständig in Beziehung zu seiner Umwelt tritt.

Dieser äußerst durchlässige und höchst sensible Geisteszustand wird in Sūtra 41 *samāpatti* genannt. *Samāpatti* heißt: Begegnen, Zusammentreffen, Vereinen. Die Wesenheit, Mensch genannt, und die Wesenheit, Welt genannt, den Menschen eingeschlossen, begegnen sich auf dem Grund, der *citta* oder Geist genannt wird. Es gibt keinen Menschen ohne Geist, und es gibt keinen wählenden Geist ohne den Menschen. Der Mensch und die Welt begegnen sich durch die Sinne auf dem Grund des Geistes. Hier reagieren sie aufeinander. Die eingeborene wählende Tendenz des Menschen stört, entstellt und verdreht die natürliche Ordnung der Dinge. Das ruft innere Spannungen hervor, die einen äußeren Ausdruck suchen. Im II. Teil werden wir sehen, was die Yoga-Sūtren über dieses Thema zu sagen haben. Gegenwärtig beschäftigen wir uns nur mit einem Überblick über Yoga und *samādhi*.

Wir sind bis jetzt von a) *citta-vṛtti-nirodha* bis *sthiti* gekommen, b) von *sthiti* bis *vairāgya* und c) von der *vaśīkāra*-Macht des *vairāgya* bis *samāpatti* – dem durchlässigen Zustand. Sūtren 42–45 teilen uns mit, daß dieser *samāpatti*-Zustand des Geistes sich zu vier Arten von Versenkung entfaltet, die alle unter die Kategorie von *sabīja samādhi* fallen (I 46).

Es gibt noch einen wichtigen Punkt, den man im Zusammenhang mit *samāpatti*, dem durchlässigen, transparenten Zustand, erwägen muß. Der Geist spiegelt in diesem Zustand nicht alles wider, was sich als Ergebnis der ständigen Wechselbeziehung zwischen Mensch und Welt ereignet, sondern er bleibt auch völlig unbefleckt von dem, was er widerspiegelt. Er ist wie ein reiner Kristall, der die Farben des Gegenstandes in seiner Nähe wiedergibt, ohne aber irgendeinen Flecken zurückzubehalten. Das erkennt man, wenn man den Gegenstand wieder entfernt. Und selbst während er die Farben des jeweiligen Gegenstandes durchläßt, nimmt er keinen Flecken auf und bleibt selbst unberührt. Der Geist in *samāpatti* verhält sich ganz genau so. Er spiegelt alles wider, innen und außen, aber er bleibt ganz unberührt von diesen Spiegelungen. Das steht in deutlichem Gegensatz zu dem Zustand des *vṛtti-sārūpya*. Auch dort spiegelt der Geist für den Bruchteil einer Sekunde die Farben wider, aber er identifiziert sich sofort mit seiner eigenen Neigung, die die eine oder andere Farbe vorzieht. D. h. er reflektiert nichts, weil der Schmutz der Identifizierungen die Reinheit der Spiegelung zerstört und den Geist unempfindlich macht für das, »was ist«. Das genaue Gegenteil geschieht im *samāpatti*-Zustand. *Samāpatti* ist daher ein Zustand völliger Verwandlung des *vṛtti-sārūpya*-Zustandes. Aufgrund dieser Verwandlung verwandelt sich alles, was jetzt mit dem kristallklaren Geist in Berührung kommt, durch die Macht der reinen Wahrnehmung.

Sūtra 42 spricht von der ersten Verwandlung, die auf diese Weise geschieht. Sie wird *savitarkā samāpatti* genannt. In dieser Art der *samāpatti* sieht man die Wirkungen der Worte, ihrer Bedeutungen und der Erkenntnis, die sie vermitteln, und ebenso die Verwirrung, die aus ihrer Vermischung entsteht. In dieser Wahrnehmung wird jeder der drei Faktoren mit seiner spezifischen Funktion als von den anderen unterschieden erkannt. Aufgrund der klaren Wahrnehmung der Unterschiede ist kein Platz für Verwirrung, die immer wieder aus der gegenseitigen Vermischung dieser drei Faktoren entsteht. Diese Verwirrung führt dazu, daß man das Wort für die Sache hält und umgekehrt. Und da Wissen gewöhnlich nichts anderes ist als ein Vorgang, in dem man Dinge mittels der Worte und ihrer konventionellen Bedeutungen wiedererkennt, kommt es zu einer erstaunlichen Verwirrung, voller innerer, nicht erkannter Widersprüche. Da sich das Wissen auf die Vergangenheit bezieht und daher eine gewohnheitsmäßige Reaktion auf gegenwärtige Wahrnehmungen darstellt, ist es immer gebunden an Worte und deren festgelegte Bedeutungen, die sich auf die Eindrücke vergangener Erfahrungen gründen.

Dieses ganze Chaos wird in der *savitarkā samāpatti* durchschaut. Sie heißt *savitarkā*, weil alles Wissen, das durch Worte und ihre konventionellen Bedeutungen vermittelt ist, grundsätzlich logisch ist. *Tarka* heißt logische Schlußfolgerung. Und Schlußfolgerung fordert einen Bezugspunkt im Gedächtnisapparat. Der Einfluß, den dieses logische Denken auf den Geist der Menschen in der ganzen Welt ausübt, ist so groß, und das gesellschaftliche Ansehen, das ihm zukommt, so ungeheuer, daß die Versklavung des Menschen fast unheilbar scheint. *Savitarkā samāpatti* befreit den Menschen aus dieser bewußtlosen Versklavung.

Wenn man das Wesen und die Struktur des logischen Denkens durchschaut hat, wird man aus seinen Fesseln befreit. Diese Freiheit vom logischen Denken führt zu einem Geisteszustand, der *nirvitarkā samāpatti* genannt wird, d. h. eine Betrachtung ohne Schlußfolgerung oder logisches Denken (I 43). Diese entsteht in einem Vorgang, der alle vom Wort erzeugten Eindrücke oder Erinnerungen aufhebt, die gewöhnlich das Funktionieren des Wiedererkennens und der Schlußfolgerung begründen. Wenn der Geist von allen vergangenen Eindrücken gereinigt und das Gefäß des Gedächtnisses entleert ist, herrscht nicht mehr das Wiedererkennen, sondern die reine Erkenntnis. In diesem Zustand wird das ganze logische Denken mit den Worten und ihren konventionellen Bedeutungen als ein Hindernis erkannt für die direkte Anschauung der Wahrheit bzw. der Dinge, wie sie in Wahrheit sind.

Sūtra 44 spricht von *savicārā* und *nirvicārā samāpatti*. Wenn man von den Fesseln des logischen Denkens befreit ist, beginnt man die Dinge so zu sehen, wie sie sind, in ihrem existentiellen

Leuchten, ohne die Vermittlung der Worte und ihrer konventionellen Bedeutungen. Man befindet sich dann in einem Zustand vorurteilsloser, freier Untersuchung, ein forschender Denkvorgang, der *vicāra* ist. Dieser unterscheidet sich von allen logischen Denkprozessen, die im *vicāra* keinen Platz finden. In dieser freien Untersuchung beobachtet man nur, was ist, und zieht keine Schlüsse daraus. Denn sich in Schlußfolgerungen zu verwickeln, was notwendig Wählen und logisches Denken erfordert, würde bedeuten, in die Verwirrung und das Chaos zurückzufallen. Man hält sich daher in einem Zustand wacher Aufmerksamkeit und sieht die Dinge nur, wie sie in ihrer existentiellen Echtheit sind. Dieses reine Schauen offenbart die subtilen Elemente, die den Dingen und ihren natürlichen Wechselwirkungen zugrunde liegen. Die Empfänglichkeit ist nun so geschärft und so durchdringend, daß Dinge und ihre subtilen Bewegungen, die vorher nie gesehen wurden, nun erkannt werden wie im Licht einer inneren Erleuchtung. Das ist *savicārā samāpatti*. Und wenn die subtilen Elemente, die den Bewegungen der Dinge zugrunde liegen, gesehen werden, geschieht es, gerade weil sie so gesehen werden, wie sie sind, daß sie sich in einen Seinszustand auflösen, in dem sie alle Merkmale verlieren, an denen sie identifiziert werden könnten. Und da nichts mehr übrigbleibt, was zu identifizieren wäre, hört die Bewegung des *vicāra* auf. Dieser Zustand wird *nirvicārā samāpatti* genannt.

Alle diese vier Arten der *samāpatti* fallen unter eine Gruppe, nämlich *sabīja samādhi*. Hier erhebt sich die Frage, warum dieser *samādhi* mit einem »Keim« oder Samen (*bīja*) versehen ist. Wie kann *nirvitarkā samāpatti*, in der die Dinge so gesehen werden, wie sie sind, in ihrem existentiellen Leuchten das Ergebnis eines Samens sein? Und außerdem, wie kann man *nirvicārā samāpatti*, in der die subtilen Elemente, die allen groben Gegenständen zugrunde liegen, gesehen werden, wie sie sich in eine Art Leere des Raumes auflösen, als mit einem Samen verbunden oder von einem Samen abhängig denken?

Die folgenden Sūtren erhellen diese beunruhigenden Fragen.

I Vom keimhaften zum keimlosen Samādhi
(Sūtren 47–51)

47 *nirvicāra-vaiśāradye'dhyātma-prasādaḥ.*
Erfahrung in dem Zustand der von der Erwägung freien Betrachtung (*nirvicāra*) führt zur inneren Abgeklärtheit.

48 *ṛtaṃbharā tatra prajñā.*
Dort findet man Weisheit, die der ewigen Ordnung voll ist.

49 *śruta-anumāna-prajñābhyām anyaviṣayā viśeṣa-arthatvāt.*
Diese Weisheit unterscheidet sich von der Intelligenz der Worte und Schlußfolgerungen, denn sie hat eine besondere Bedeutung.

50 *taj-jaḥ saṃskāro'nya-saṃskāra-pratibandhī.*
Die aus dieser Weisheit entsprungenen (unterbewußten) Eindrücke verdrängen die anderen (unterbewußten) Eindrücke.

51 *tasya api nirodhe sarva-nirodhān nirbījaḥ samādhiḥ.*
Wenn selbst diese (neuen unterbewußten Eindrücke) zur Ruhe kommen, kommt alles zur Ruhe, (und daraus entsteht) die »keimlose Versenkung« (*nirbīja samādhi*).

KOMMENTAR

Wir sind nun am Ende der Reise. Wir haben mit *citta-vṛtti-nirodha* begonnen, und wir erfahren jetzt, daß der Zustand der keimlosen Versenkung (*nirbīja samādhi*) das Ende ist. Im Laufe dieser Reise war unsere Aufmerksamkeit auf das *citta*, den menschlichen Geist oder das Bewußtsein, gerichtet, auf dessen Feld alle Kämpfe des Lebens gekämpft werden. Die Kämpfe finden statt zwischen dem Menschen auf der einen Seite und der Welt voll einer verwirrenden Vielfalt von Dingen, den Menschen inbegriffen, auf der anderen. Die Geschichte des Menschen ist die Geschichte der Wendungen, die dieser Kampf von Zeit zu Zeit, von Epoche zu Epoche nimmt. Es ist der Geist, der den Menschen schafft oder zerstört. Ein Geist, der in *vṛtti-sārūpya* gefangen ist, der sich mit den Gegenständen seiner Wahl identifiziert, zerstört den Menschen. Ein Geist, der sich völlig von *vṛtti-sārūpya* gelöst hat, gründet den Menschen in seiner existentiellen Identität. Ob der Mensch seine wahre Identität verwirklicht oder sich in der Entfremdung selbst verliert, das ist die zentrale Frage seines Lebens. Und diese Frage ist der Gegenstand der Yoga-Disziplin.

Im letzten Abschnitt haben wir die Stufen gesehen, die der Geist durchläuft, wenn er einmal auf dem Weg des *citta-vṛtti-nirodha* ist. Die letzte Stufe ist der Bewußtseinszustand, der von jeder Bewegung in irgendeine Richtung frei ist (I 46). Diese wird »keimhafte Versenkung« (*sabīja samādhi*) genannt. Die Sūtren dieses Abschnitts handeln von der letzten und totalen Verwandlung des Bewußtseins. Sie wird bezeichnet als eine Verwandlung von einem »keimhaften« zu einem »keimlosen« *samādhi*.

Die Frage ist die: Was ist mit dem Wort *bīja* oder Keim, Same gemeint? Der Yoga spricht von zwei Keimen, die auf dem Boden des Geistes wachsen: 1. der Same, der in *vṛtti-sārūpya*, der falschen Identifizierung, enthalten ist und der sich zu einem wilden Chaos von Spannungen, Konflikten und endlosem Leid auswächst, und 2. der Same, der in *vṛtti-nirodha*, in dem Ruhezustand, enthalten ist, der sich zu einem »keimhaften« *samādhi* ent faltet – d. h. zu einem inneren Zustand, der frei ist von jeder psycho-mentalen Bewegung. Dieser Zustand ist erfüllt von der ganzen Energie des menschlichen Seins, die vor der Entscheidung zu dem Nicht-Wählen zerstreut und vergeudet wurde in Spannungen, die immer wieder unvermeidlich in endlosem Elend endeten.

Wir sind nun an der Schwelle einer neuen Verwandlung. Der Vorgang dieser Verwandlung wird in den vor uns liegenden Sütren erklärt. Sūtra 47 spricht von der ersten Bewegung, die zu dieser Explosion führt. Es besagt, daß ein Geist, der von jeder Denkbewegung frei ist, aus sich selbst eine Erfahrung gewinnt, eine neue Fähigkeit, in diesem regungslosen Zustand ohne jede Anstrengung zu verharren. Das führt zu einer Abgeklärtheit, zu einer Haltung der Güte, der Begnadung*, die allem offen ist, innen und außen, mit einer schwerelosen, abgeklärten und schönen Anmut. Sie will nichts für sich. Sie findet in dieser Abgeklärtheit das Pulsieren des Lebens selber, das sie vorher nie erfahren hat. Nun ergibt sich eine gütige Antwort auf alles und keine spannungsgeladenen Reaktionen mehr.

Sūtra 48 spricht vom Entstehen einer völlig neuen Art von Intelligenz, einer Einsicht, die aus den unfaßbaren Tiefen des eigenen Wesens auftaucht. Diese neue Einsicht ist erfüllt von Wirklichkeit oder ewiger Ordnung. Diese Wirklichkeit heißt *ṛtam*. *Ṛtam* ist jenes geheimnisvolle Etwas, das aus dem Großen Unbekannten kommt und wieder dahin zurückkehrt, so als wären das Auftauchen und Verschwinden die Atemzüge der Wirklichkeit selber. *Ṛtam* ist das, was immer »ist«, dessen Rhythmus des Atmens aber die Form von »Sein« und »Nicht-Sein« anzunehmen scheint. *Ṛtam* ist ein altes vedisches Wort, das etwas bezeichnet, was weder einen Mittelpunkt noch einen Umkreis hat. Alle Körper, alle Gegenstände dieser Welt haben einen Mittelpunkt und einen Umkreis. Einen Mittelpunkt haben heißt, in einen Umkreis eingeschlossen zu sein. Auf der physikalischen Ebene ist es der Atomkern, der den positiv geladenen zentralen Teil bildet, der die Hauptmasse eines Atoms ausmacht, um die sich eine oder viele Elektronen in ungeheurer Geschwindigkeit bewegen und somit einen harten Umkreis bilden. Auf der psychischen Ebene stellt das innere Zentrum der Psyche eine unbewußte Macht dar, und es reagiert auf äußeren oder inneren Druck, um sich selbst mittels eines Umkreises zu bewahren. Dieser schützende Umkreis besteht

* Anm. des Übers.: »Graciousness« als eine Übersetzung von *prasāda* läßt sich nicht mit einem Wort wiedergeben, weil es Gnade, Heiterkeit, Güte, Anmut usw. in einem meint.

aus angeborenen Vorstellungen von Bequemlichkeit, Freude und Selbstbefriedigung. Der Mensch, diese geistige Wesenheit, nennt diesen inneren Kern seines Daseins sein »Ich« oder »mich«. Es ist die letzte Autorität, die alles zu beurteilen hat, die letzte Instanz in der Frage, ob man etwas annehmen oder verwerfen, zustimmen oder ablehnen soll. Wenn es auf diese zentrale Stellung als letzte Autorität verzichtet, sucht es Schutz in der Autorität eines Buches oder eines Guru oder eines geistigen Führers mit großem Anhang.

Der Yoga sagt uns, daß dieser innere Kern der Psyche nichts anderes ist als ein verhärteter Komplex von *vṛtti-sārūpya*. Solange dieser innere Kern nicht durch *vṛtti-nirodha* gebrochen wird, d. h. durch Nicht-Wählen und Verharren in einem Ruhezustand, kann es keine Erkenntnis der Wahrheit oder Wirklichkeit geben, die vital auf die eigene Identität bezogen ist. Die Identifizierung ist eine billig verschleuderte Identität. Daher hat einer, der sich für die Yoga-Disziplin entschieden hat, eine Reise unternommen, die ihn bis zu *samādhi* führt. *Samādhi* ist ein Zustand, in dem alle emotionalen und begrifflichen Attribute, die man dieser Identität beigegeben hat, wie geliehene Federn wegfallen und sich in nichts auflösen. Man wird wie ein Wesen, das keine eigene Form hat und das doch erfüllt ist von der Energie, die Leben ist. Es ist nun »das Leben selbst«, das die Identität übernimmt, so daß zwischen Identität und Leben weder ein Verhältnis von Raum, Zeit oder Ursache übrigbleibt.

Im »keimhaften« *samādhi* gibt es eine Erinnerung an die Tat des Nicht-Wählens, die einen zur Disziplin des Yoga gebracht hat, aber diese Erinnerung ist eins mit dem Zustand, der durch *nirvicārā samāpatti* entstanden ist (I 44–45). Sie ist ohne Bewegung, aber ihre Existenz selbst wirkt wie ein Keim, mit dem der *samādhi* sich verbindet. Es ist wie ein regungslos gewordenes Gefühl der »Ich-bin-heit«, das gemeinsam mit dem *samādhi* existiert. Und diese regungslose, reine »Ich-bin-heit« ist der Keim. Daher kommt *sabīja samādhi*.

Aber mit dem Heraufdämmern einer neuen Intelligenz oder Einsicht, die erfüllt ist von Wirklichkeit (*ṛtam*) ergibt sich eine ganz andere Welt, die keine Dimensionen hat. Es ist so, als würde die Rakete der neuen Intelligenz explodieren und einen in die dimensionslose Welt der Wirklichkeit entsenden.

In dieser Welt der Wirklichkeit hat die alte Intelligenz der Worte, Worterkenntnis und Schlußfolgerungen keinen Platz mehr. Sie ist für die Wirklichkeit, auf die allein sich die neu aufgestrahlte Einsicht bezieht, als völlig irrelevant erkannt worden (I 49). Diese neue Einsicht verbrennt alle Reste der Eindrücke aus der anfanglosen Vergangenheit, die sich noch im Bewußtsein befinden könnten. Wenn das Bewußtsein nun so völlig von der Vergangenheit gereinigt ist und nichts mehr übrigbleibt, worauf sich irgendeine Entscheidung, ob positiv oder negativ, berufen könnte, entfaltet es sich spontan in eine »keimlose Versenkung«.

Hier endet der erste Teil, *samādhi pāda* genannt. Er hat uns einen tiefen Einblick in die Disziplin des Yoga gegeben – wie sie beginnt und wie sie endet. Aber selbst dann wird einem bewußt, daß man noch weit entfernt ist von dem Zustand der Seligkeit, der *samādhi* genannt wird. Patañjali führt uns daher zum II. Teil, wo er den *kriyā-yoga*, den Yoga der Tat, erklärt. Dieser Weg ist erleuchtet von einer Handlung, die der wahren Erkenntnis des Yoga entspringt.

Teil II
Über die Übung: Sādhana Pāda

A Der Yoga der Tat
(Sūtren 1–2)

1 *tapaḥ-svādhyāya-īśvarapraṇidhānāni kriyā-yogaḥ.*
Askese, eigenes Studium (der heiligen Schriften) und Hingabe an Gott machen den Yoga der Tat aus.

2 *samādhi-bhāvanā-arthaḥ kleśa-tanūkaraṇa-arthaś ca.*
Der Zweck (dieses Yoga) ist die Meditation und die Versenkung, und er setzt die Spannungen herab.

KOMMENTAR

Wer dem I. Teil aufmerksam gefolgt ist, wird von selbst danach streben, ein Leben zu führen, das mit Yoga oder Samādhi übereinstimmt. Leben heißt, von Augenblick zu Augenblick handeln. Das Leben ist eine Aktivität, die den Organismus eines Lebewesens als ganzen miteinbezieht. Der Mensch hingegen ist ein Lebewesen, das dazu neigt, bruchstückhaft und nicht ganzheitlich zu leben und zu handeln. Er tut es deshalb, weil er frei ist, sich etwas auszusuchen, zu wählen. Dieses Aussuchen und Wählen zerbricht die Ganzheit, die das Leben ist, in Teile und neigt dazu, einen Teil für das Ganze zu halten. Teile haben ihren Sinn nur in bezug auf das Ganze, als integrierte Glieder des Ganzen. Wenn man sich einem Teil zuwendet und dabei das Ganze nicht wahrnimmt, versäumt man den eigentlichen Sinn des Lebens. Dieser ursprüngliche Fehler treibt den Menschen in eine gedanklich konstruierte Welt der Vorstellungen und Träume, die sich bei der Berührung mit dem Existentiellen und Wirklichen in Asche verwandelt. Der Widerspruch zwischen dem Ideellen und dem Existentiellen führt unvermeidlich zu Spannungen, Konflikten, Verwirrung, Chaos und Elend.

Will man auf eine Weise leben, die mit dem yogischen Bewußtsein übereinstimmt, so lebt und handelt man ganzheitlich und nicht bruchstückhaft. Ein solches Handeln, das eigentlich das Leben in seiner existentiellen Echtheit ist, wird *kriyā-yoga* genannt.

Kriyā heißt Tat. Und *Yoga* ist *citta-vṛtti-nirodha*. Daher ist eine Handlung, die aus *citta-vṛtti-nirodha* entsteht, *kriyā-yoga*. Wenn man das versteht, strebt man von selbst danach, ein Leben zu führen, das von dem Bewußtsein des Yoga erfüllt ist. Aber sobald man dies tut, gerät man in Schwierigkeiten. Diese Schwierigkeiten sind die Ergebnisse der vergangenheitsbedingten *vṛttis*, die unweigerlich Spannungen zwischen dem Vorgestellten und dem Existentiellen hervorrufen. Ungeachtet der Tatsache, daß man versteht, was mit Yoga gemeint ist und mit der Handlung, die damit übereinstimmt, funktioniert der psychosomatische Organismus, der ein Ergebnis der Vergangenheit ist, weiter unter dem drückenden Gewicht der vergangenen Eindrücke (*saṃskāra*). Alle Schwierigkeiten entstehen aus einer grundlegenden Spannung zwischen dem Verständnis des Yoga in der aktiven Gegenwart einerseits und der Kontinuität der von der Vergangenheit angetriebenen *vṛttis* andererseits. Um dieser Situation zu begegnen, wird im zweiten Teil des Yoga Darśana der *kriyā-yoga* dargelegt.

Sūtra I setzt *kriyā-yoga* mit drei Dingen gleich: *tapas*, *svādhyāya* und *īśvarapraṇidhāna*, d. h. Askese, Eigenstudium (der heiligen Schriften) und Hingabe an den Herrn. Hier ist eine interessante Parallele mit dem ersten Teil festzustellen, wo Yoga auch mit drei Worten gleichgesetzt wird: *citta*, *vṛtti* und *nirodha*. Diese drei Worte sind nicht getrennt, sondern als zusammengesetzter Begriff zu verstehen. Und da Yoga *citta-vṛtti-nirodha* bedeutet, muß die Handlung, die Yoga ist, ebenso aus *citta-vṛtti-nirodha* entstehen. Und diese Handlung ist es, die nun mit *tapas*, *svādhy-*

āya und *īśvarapraṇidhāna* gleichgesetzt wird. Natürlich muß es eine lebendige Verbindung zwischen diesen drei Größen und *citta-vṛtti-nirodha* geben. Wir werden nun die Art dieser Verbindung betrachten.

Das Wort *tapas* kommt von der Wurzel *tap*, die bedeutet: scheinen, heiß sein, erhitzen, intensiv sein. Eine Intensität des Seins, große Empfindsamkeit für das, was innen und außen geschieht, ist *tapas*. Dieses entsteht von selbst, wenn man die Bedeutung von Yoga versteht. Das, was innerlich und äußerlich geschieht, geschieht auf der Grundlage des *citta*. Die Sinne bringen die Informationen von der äußeren Welt in das innere Leben, und dadurch wird das *citta*, das Organ, das diese Eindrücke empfängt, aufgerührt. Diese Störung ruft die vergangenen Eindrücke im Gedächtnis oder in den Gehirnzellen wach, und so reagiert man auf die Sinneseindrücke durch den Filter vergangener Erfahrungen und Worte, die sie beinhalten. Aber wenn man versteht, was mit Yoga gemeint ist, sieht man, daß dieser ganze von der Vergangenheit bedingte Vorgang der Reaktion auf das, was innerlich und äußerlich geschieht, innere Widersprüche, Spannung, Konflikt, Verwirrung, Chaos und Elend hervorbringt. Man weist daher die Vergangenheit von sich und entscheidet sich dafür, nicht zu wählen. Durch dieses Aufgeben bewahrt man die Energie seines Seins in einem von *vṛttis* freien Zustand (*nirodha*). Die Energie, die man in der Identifizierung mit den *vṛttis* vergeudet und zerstreut hat, wird nun in ihrer Ganzheit zurückgehalten. Natürlich erlangt sie dadurch ungeheure Intensität. Diese Intensität der Energie des Seins wird mit dem Wort *tapas* bezeichnet.

Alle anderen, üblichen Bedeutungen, die mit dem Wort *tapas* verbunden sind, müssen ausgeschaltet werden, um ein richtiges Verständnis von *kriyā-yoga* zu erlangen. Die Tradition verbindet mit dem Wort *tapas* die Bedeutung von Askese des Leibes und des Geistes. Diese Bedeutung ist unvereinbar mit dem ganzen Thema der Yoga-Sūtren. Yoga bedeutet *citta-vṛtti-nirodha*, wie im ersten Teil erklärt wurde. Als solcher kann er unmöglich etwas mit der willensmäßigen und daher oft egozentrischen, leiblichen und geistigen Askese zu tun haben. Im Gegenteil, eine solche Askese des

Körpers und des Geistes kann die Spannungen noch erhöhen und vervielfältigen, die ein Hindernis für Yoga sind, wie es die Sūtren 29–31 des ersten Teiles beschreiben. Alle Spannungen entstehen primär aus der Identifizierung mit *vṛttis* (*vṛtti-sārūpya*, I 4), auf Kosten der existentiellen Identität. Die Verneinung der Identifizierung führt zu *vṛtti-nirodha*, jenem Geisteszustand, in dem sich Yoga und Samādhi entfalten. Daher kann das Wort *tapas* nicht körperliche oder geistige Askese bedeuten. Es bedeutet vielmehr Intensität des eigenen Seins, die als natürliche Folge von *citta-vṛtti-nirodha* entsteht. Diese Intensität reinigt das *citta*, so wie mit Erde vermischtes Gold durch die intensive Hitze eines glühenden Feuers gereinigt wird. Daher wird *tapas* zu einem wesentlichen Bestandteil des *kriyā-yoga*.

Das Wort *svādhyāya* setzt sich zusammen aus den zwei Worten *sva* und *adhyāya*. *Adhyāya* heißt lernen, studieren, und *sva* ist ein possessives Präfix, »das eigene, selbst-«. *Svādhyāya* heißt daher »über sein eigenes Selbst lernen«. Wie lernt man über sich selbst? Bücher und was man von anderen hört, mögen einem ein gewisses Wissen und Information über Dinge vermitteln. Aber das konditionierte Bewußtsein zwingt uns immer auszuwählen, was uns gefällt, und wegzulassen, was uns nicht gefällt an Büchern oder von den Worten anderer Menschen. Infolgedessen können uns weder Bücher noch Worte noch Erfahrungen – ob eigene oder die der anderen – je helfen, über unser eigenes Selbst (*sva*) zu lernen. Die einzige Möglichkeit, über uns selbst zu lernen, besteht darin, das Spiel der *vṛttis* zu beobachten, wie sie als Reaktionen auf alles, was den Geist berührt, entstehen. Eine solche Beobachtung der eigenen *vṛttis* muß in einem Zustand eines vom Wählen freien Bewußtseins geschehen, um objektiv oder realistisch zu sein. Das ist *svādhyāya* oder Selbst-Studium. *Svādhyāya* bezieht sich also auf die *vṛttis* und verursacht die Reinigung von den *vṛttis*. Wenn man sie beobachtet, lernt man zu sehen, wie sie entstehen, was sie antreibt, wohin sie führen usw. Und wenn man sie unbeteiligt betrachtet, sieht man, daß die *vṛttis* ihre Kraft, Spannungen zu erzeugen, verlieren. Sie werden so gereinigt, und die Identifizierung mit ihnen hört auf. Die Reinigung der *vṛttis*, die das Selbst-Studium hervorruft, befreit einen aus ihren Fangarmen.

Wie *tapas* den Geist (*citta*) reinigt, so reinigt *svādhyāya* die Bewegungen des Geistes (*vṛtti*) und befreit von ihrer Fesselung.

Das dritte und letzte Element des *kriyā-yoga* ist *īśvara-praṇidhāna*, Hingabe an den Herrn oder Gotteserkenntnis. Wir haben in unserem Kommentar zu Sūtren 23–29 des ersten Teiles gesehen, was dieses Wort bedeutet und impliziert. Was in diesem Zusammenhang besonderer Aufmerksamkeit bedarf, ist, daß *īśvara-praṇidhāna* eng verbunden ist mit *nirodha*, einem Zustand, der frei von *vṛttis* ist. Das Wort Gott, wie es in I 24 definiert wird, weist notwendig auf einen Seinszustand hin, der »unberührt ist von Spannungen, (aus der Spannung entstandener) Handlung, (aus der Handlung entstandenen) Ergebnissen (der Handlung) und (aus den Ergebnissen entstandenen) psychischen Eindrükken«. All das ist nur möglich in einem von *vṛttis* freien Geisteszustand, d. h. in einem Zustand, der *nirodha* ist. Die Gegenwart Gottes kann nur in einem Zustand erfahren werden, der frei ist von egozentrischen Tätigkeiten des Geistes und des Körpers. Dieser Zustand wird »Übung«, *abhyāsa*, genannt, der aus der inneren Ruhe (*nirodha*) entsteht. Gott wohnt in dieser »Großen Leere«, frei von *vṛttis*. Seine Gegenwart kann nur in dieser Leere und nirgends anders erfahren werden. Das wird sogar von der Wurzelbedeutung des Wortes *praṇidhāna* angedeutet. Es ist ein zusammengesetztes Wort aus dem Präfix *pra* und *nidhāna*. *Nidhāna* bezeichnet einen Ort, wo etwas niedergelegt wird, und *pra* heißt »intensiv«. *Īśvara-praṇidhāna* heißt daher: der Raum – die Leere – voll von der Intensität des Seins, in dem Gott west.

Wir entdecken also, daß Yoga *citta-vṛtti-nirodha* ist, und *kriyā-yoga* aus *tapas*, *svādhyāya* und *īśvara-praṇidhāna* besteht. *Tapas* bezieht sich auf die Reinigung des *citta*, *svādhyāya* betrifft die Reinigung der *vṛttis*, und *īśvara-praṇidhāna* hat eine Beziehung zu *nirodha*. *Kriyā-yoga* ist daher ein Vorgang oder eine Handlung, die in vollem Einklang steht mit der Bedeutung von Yoga. Es ist eine Handlung, die aus Yoga entstanden ist.

Bei *kriyā-yoga* geht es nicht um das Tun, sondern um das Bewußtsein bei allem, was man tut. Dieses yogische Bewußtsein reinigt alle egozentrischen Tätigkeiten, von denen der giftige Hauch des Egoismus oder kleinlicher Selbstsucht völlig entfernt wird. Auf diese Weise wird die von der Vergangenheit bestimmte egozentrische Lebensweise, die aus einem konditionierten Bewußtsein entstanden ist, durch *kriyā-yoga* vollkommen verwandelt in eine yogische Art, in der Gegenwart zu leben.

Sūtra 2 erzählt uns, was als Ergebnis von *kriyā-yoga* geschieht. Zwei Dinge geschehen: Einerseits nähert man sich der Versenkung durch Meditation (*bhāvanā*), und andererseits wird die Verwicklung in innere Spannungen oder Leidenschaften (*kleśa*) dadurch so weit vermindert oder sublimiert, daß die *kleśas* nicht mehr als Hindernisse auftreten.

Wie diese leidvollen Spannungen (*kleśa*) aussehen und wie sie ausgeschaltet werden, wird in den folgenden Sūtren erklärt.

B Die Art der leidvollen Spannungen

(Sūtren 3–9)

3 *avidyā-asmitā-rāga-dveṣa-abhiniveśāḥ pañca kleśāḥ.*
Die fünf leidvollen Spannungen sind: Nichtwissen, Ichverhaftung, Begierde, Haß und Selbsterhaltungstrieb.

4 *avidyā kṣetram uttareṣāṃ prasupta-tanu-vicchinna-udārāṇām.*
Das Nichtwissen ist der Nährboden der anderen (vier Spannungen), ob sie schlummern, verringert, gespalten oder in voller Aktivität sind.

5 *anitya-aśuci-duḥkha-anātmasu nitya-śuci-sukha-ātma-khyātir avidyā.*
Nichtwissen (*avidyā*) ist (die falsche Anschauung), die das Vergängliche für unvergänglich, das Reine für unrein, das Leidvolle für Freude und das Nicht-Selbst für das Selbst hält.

6 *dṛg-darśana-śaktyor ekātmatā iva asmitā.*
Ichverhaftung (*asmitā*) ist (jene leidvolle Spannung, die) die Kraft des Sehens und die Kraft des Gesehenen fälschlich identifiziert.

7 *sukha-anuśayī rāgaḥ.*
Begierde (*rāga*) ist (jene Spannung, die) dem Vergnügen anhängt.

8 *duḥkha-anuśayī dveṣaḥ.*
Haß (*dveṣa*) ist (jene Spannung), der das Leid folgt.

9 *sva-rasa-vāhī viduṣo'pi tathā rūḍho'bhiniveśaḥ.*
Selbsterhaltungstrieb (*abhiniveśa*) ist der eingeborene Instinkt des Selbstgefühls, (der mit dem Körper verbunden ist*) und von dem selbst die Wissenden nicht frei sind.

KOMMENTAR

Diese und die folgenden Sūtren konfrontieren uns mit dem zentralen Paradox des menschlichen Lebens. Der Mensch lebt mit einem Gefühl absoluter Sicherheit, daß seine Welt auf seinem persönlichen Wissen beruht, aber früher oder später entdeckt er, daß die gesamte Struktur seiner Weltanschauung, die er auf der Grundlage seines persönlichen Wissens aufgebaut hat, beim ersten Schock der Konfrontation mit der Wirklichkeit zusammenbricht. Selbst dann hält er hartnäckig an seinem persönlichen Wissen fest als dem einzigen Mittel, das ihm zur Verfügung steht, um eine sinnvolle Beziehung zu der objektiven Welt herzustellen. Es wird ihm bewußt, daß das persönliche Wissen begrenzt ist und daher ungeeignet, um die Wirklichkeit der Welt in ihrer Ganzheit zu begreifen; aber er wird an dem Glauben festhalten, daß diese Begrenzungen beseitigt werden können, indem er immer mehr Wissen ansammelt durch Beobachtung, Untersuchung, Experimente und durch Verfeinerung seiner Instrumente, was ihn alles zusammen befähigt, eine Weltanschauung (*darśana*) aufzubauen, die von Generation zu Generation besser und richtiger wird. Die absolute Sicherheit, mit der man annimmt, aufgrund persönlichen Wissens fähig zu sein, seine Weltanschauung ständig zu erweitern, bildet die Grundlage für die historische Ansicht der Beziehung zwischen Mensch und Welt. Im Laufe der Jahrhunderte hat sie ein solches Ansehen erreicht, daß niemand es wagen darf, sie in Frage zu stellen, wenn er nicht aus der Gesellschaft verbannt werden will.

Die Yoga-Disziplin stellt diese tief verwurzelte Überzeugung in

* Nach der Lesart: *tanv-anubandhaḥ*.

Frage. Sie zeigt auf, daß unser persönliches Wissen, ganz gleich, wie umfassend es auch sein mag und wie weit es berechtigt und bestätigt ist durch Beobachtung, Untersuchung, Experimente und systematisches Denken, trotzdem grundsätzlich trügerisch oder falsch ist. Das ist so, weil jede Beobachtung, um objektiv und realistisch zu sein, von kristallklarer Reinheit sein muß. Sie darf von nichts zerstreut, abgelenkt oder entstellt sein, weder von innen noch von außen, und der Akt der Beobachtung selbst muß frei sein, nicht behindert durch irgendein Motiv oder Vorurteil, weil jedes Motiv und jedes Vorurteil unweigerlich den reinen Akt beeinflußt und färbt und daher entstellt. Nichts von dem, was durch eine entstellte Sicht beobachtet und später untersucht wurde, womit experimentiert und was dann in den Rahmen eines systematischen Gedankengebäudes eingefügt wurde, kann je der objektiven Wirklichkeit entsprechen. Es ist eine Tatsache, daß die unfreie Psyche, d. h. eine Psyche, die belastet ist durch vergangene Eindrücke und angeborene Sympathien und Antipathien, die unweigerlich daraus entstehen, im Grunde unfähig ist zur reinen Betrachtung. Wie spätere Sūtren aufzeigen, entspringt jede Handlung, die von einer unfreien Psyche vollzogen wird, aus Spannungen, die die Weltanschauung des Menschen färben. Und Handlungen, die aus Spannungen entstehen (inbegriffen die Akte der Beobachtung, der Untersuchung, des Experimentierens und der Systematisierung des Denkens), müssen ihrerseits weitere Spannungen hervorrufen und so ad infinitum. Daher sagen die Sūtren, daß die Spannungen, die aus der Leidenschaft entstehen, aufhören müssen, damit die Beobachtung rein und kristallklar sein kann und fähig wird, die Dinge zu sehen, wie sie sind, in ihrer existentiellen Wahrheit.

Die grundlegende leidvolle Spannung, mit der der Mensch zur Welt kommt, ist *avidyā*, das Nichterkennen dessen, »was ist«. Sie ist deshalb grundlegend, weil das mangelnde Erkennen dessen, »was ist«, eine Spannung hervorruft zwischen dem, »was tatsächlich ist«, und dem, »was man denkt, daß es sei«. Alle anderen leidvollen Spannungen entstehen aus dieser grundlegenden Spannung oder Leidenschaft. Diese angeborenen Spannungen in der

Form instinktiver Neigungen (*vṛttis*) weben den eigentlichen Stoff des menschlichen Bewußtseins. Es gibt keinen Ausweg aus diesen Spannungen, wenn man nicht zunächst die Tatsache erkennt, daß man in ihnen gefangen ist, und zweitens, daß die angeborenen Neigungen (*vṛttis*), die die leidvollen Spannungen hervorrufen, auch die Freiheit des Wählens mit sich bringen.

Aber man kann diese Spannungen und ihren Einfluß nicht einfach hinwegwünschen. Man kann sich nicht aus ihnen hinwegdenken. Letztlich kann man nichts tun, um sich aus ihrem Griff zu befreien, weil jeder egozentrische Akt seinerseits den angeborenen Spannungen entspringt. Daher ist der einzige Weg, der uns offensteht, der Weg der Freiheit, die darin besteht, daß man sich des Wählens enthält. Einzig und allein eine so ausgeübte Freiheit ist fähig, alle künstlichen psycho-mentalen Hindernisse auf dem Weg zu dem reinen Sehen zu entfernen. Daher sagen die Sūtren, daß die Spannungen aufhören müssen, damit die reine Anschauung möglich wird. Nur die reine Anschauung befähigt den Menschen, die Dinge so zu sehen, wie sie sind, in ihrem existentiellen Wesen. Es ist diese freie und reine Schau (*darśana*), die dem Menschen eine tiefe und innige Beziehung zu der leuchtenden Objektivität der Welt schenkt.

Das Paradox des menschlichen Lebens entsteht aus dem Konflikt zwischen der reinen Erkenntnis oder Schau einerseits und einer Erkenntnis, die von individuellen Neigungen motiviert ist, andererseits. Eine Erkenntnis oder Anschauung, die auf individuellen Neigungen beruht, wird in Sūtra 5 *avidyā-khyāti* genannt. Es ist ein Wissen, das aus Spannungen entsteht, die eine Kettenreaktion hervorrufen, die in endloses Leid und Elend mündet (vgl. II 15).

Die Sūtren 3–9 erklären das Wesen der fünf wichtigsten leidvollen Spannungen (*kleśa*). Die erste und ursprüngliche heißt *avidyā*. Dieses Wort bedeutet ein Nichterkennen dessen, was ist. Es wird abgeleitet von der Wurzel *vid*, die bedeutet: erkennen, verstehen, finden, entdecken, mit dem negativen Präfix *a*. Daher bleibt man aufgrund der Unachtsamkeit oder Unfähigkeit, das zu erkennen, zu lernen, zu verstehen und zu entdecken, »was ist«, in einem Zustand des Nichtwissens. Dieses egozentrische Bewußtsein läßt einen nicht erkennen, »was ist«, innen oder außen, und das ist *avidyā*. Die Wurzel *vid* bedeutet im Passiv auch existieren, sein. *Avidyā* würde dann eine Erkenntnis von etwas bedeuten, das keine wirkliche Existenz, kein Sein hat, sondern was nur als existierend vorgestellt wird und als solches Gegenstand des Erkennens wird. Diese eingebildete Vorstellung entsteht aus der Erinnerung vergangener Erfahrungen, die sich dem Geist oder den Gehirnzellen eingeprägt haben. Alles Wissen, das von der Erinnerung bestimmt ist, gehört eigentlich der Vergangenheit an, die tot und vorbei ist und die in der aktiven Gegenwart nicht mehr existiert. Selbst dann wird willkürlich angenommen, daß sie noch eine Wirklichkeit besitzt. Ein Wissen oder Erkennen, das auf einer solchen Voraussetzung beruht, gibt Dingen eine Kontinuität ihres Daseins, die in Wirklichkeit aufgehört haben zu existieren.

Wenn man alle diese feinen Bedeutungsunterschiede berücksichtigt, kann man mit Sūtra 5 *avidyā* definieren als ein Erkennen oder eine Schau (*khyāti*), in der das Vergängliche für unvergänglich gehalten wird usw. *Avidyā* wird in diesem Sūtra eine *khyāti* genannt. *Khyāti* kommt von der Wurzel *khyā*, benennen, erzählen, berichten, mitteilen, bekannt machen. Man kann etwas erzählen oder weitergeben, was tatsächlich so ist oder was man nur in der Vorstellung angenommen hat, ohne daß es eine Grundlage in der Wirklichkeit hat. Das letztere ist *avidyā-khyāti*. Diese *khyāti* ist eine Angelegenheit der Benennung, der Versprachlichung, der Verkündigung in Worten mit dem Zweck, etwas mitzuteilen. Sie hat nichts mit dem zu tun, was tatsächlich existiert, innen oder außen. Sie gehört in den Bereich der Vorstellung und des sprachlichen Ausdrucks, der Aussage. Alles, was ist, sagt sich selbst den anderen gegenüber aus, durch die bloße Tatsache seines Daseins. Ein Tiger oder eine Schlange drücken durch ihre bloße Existenz aus, daß man sich ihnen nur auf eigene Gefahr nähern darf. Da der Mensch ein »Sprachtier« ist, drückt er das, was er ist, in Worten aus. Aber Worte sind nicht Dinge. Sie bedeuten Dinge, die existieren können oder auch nicht. Aber der Mensch wird allzu leicht ein Gefangener der Worte, die er mit der Erkenntnis oder

Wirklichkeit zu identifizieren geneigt ist. Und das ist *avidyā-khyāti* oder illusorische Erkenntnis, auf die sich im allgemeinen die gesamte Weltanschauung der Menschen gründet. So wird seine Erkenntnis, seine Anschauung und Ansicht verkehrt. Er hält das, was tatsächlich vergänglich ist, für unvergänglich, das für rein, was in Wirklichkeit unrein ist, und das für Vergnügen, was eigentlich leidvoll ist. Gibt es ein Vergnügen, das sich nicht als Leid, Enttäuschung, Frustration herausstellt? Aber der Mensch, der von den Wellen vergänglicher Vergnügungen getragen wird und sich der Wirklichkeit seiner existentiellen Situation überhaupt nicht bewußt ist, neigt dazu, sich in *avidyā* einzurichten, und hält daher Dinge für bleibend, die in Wirklichkeit vergänglich sind. Auf diese Weise wird die ganze Struktur des menschlichen Lebens von falschen Vorstellungen dessen motiviert, was bleibend oder vergänglich, rein oder unrein, Freude oder Leid ist.

Das Nichtwissen wird so zum Nährboden, in dem alle psychischen Spannungen und Leidenschaften Wurzel schlagen und in verschiedenen Formen aus dem Boden schießen, um den Menschen in ihre Fangarme zu verstricken. Die erste solche leidvolle Spannung, die auf diese Weise in der menschlichen Psyche Wurzeln schlägt, ist die Ichverhaftung (*asmitā*). Dieses Gefühl der »Ich-heit« würde ohne *avidyā* nicht entstehen. In einem Zustand des klaren Bewußtseins bezieht man sich auf alles, was man sieht, den Menschen inbegriffen, als »es«, als dritte Person. Es ist daher das mangelnde Erkennen, das dem Menschen den Sinn der Ichhaftigkeit verleiht. Diese Ichverhaftung bezeichnet eine unteilbare Einheit der Existenz. Sie bewirkt, daß sich der Mensch der Tatsache nicht bewußt wird, daß seine Wesenheit aus zwei unterschiedenen Kräften besteht, die nie eins werden können. Diese zwei Kräfte müssen immer voneinander unterschieden bleiben, obwohl sie in demselben Leib koexistieren können und es *de facto* tun. Der Mensch ist sowohl der »Sehende« wie das »Gesehene« am selben Ort und zur gleichen Zeit. Es ist nicht nur möglich, sondern unbedingt erforderlich, daß der Mensch die Tatsache erkennt, daß der »Sehende« niemals der »Gesehene« werden kann und umgekehrt. Verwechselt man diese beiden unterschiedenen Kräfte, indem man sie in der Vorstellung vermischt, so entsteht eine innere Verwirrung. Diese beiden Kräfte beeinflussen sich ständig gegenseitig, aber diese Tatsache ihrer Wechselwirkung bedeutet gleichzeitig, daß sie immer zwei verschiedene Kräfte des Seins und Lebens bleiben müssen. Im Grunde ist jede menschliche Erfahrung, ob wahr oder falsch, ein Ergebnis der existentiellen Wechselwirkung zwischen diesen beiden ewigen Wirklichkeiten. Wenn man diese Tatsache nicht sieht und anerkennt, kann man zu keiner klaren Erfahrung von irgend etwas kommen und daher weder entdekken, was wirklich und was unwirklich ist, noch darüber sprechen.

Die Ichverhaftung ist also ein Ergebnis des mangelnden Bewußtseins, des Nichterkennens dessen, was ist (*avidyā*). Es durchdringt das Wesen des Menschen in der Form eines tiefen Schlummers (*prasupta*) oder einer Bewußtseinslosigkeit, die sich als Bewußtsein ausgibt. Dies ist das Wesen des egozentrischen Bewußtseins: Das »Ich« als Zentrum wird zum wichtigsten Faktor im Leben des Menschen und drängt alle anderen Aspekte des Lebens in den Hintergrund. Es ist dieses Zentrum der Vorstellung, das den Menschen blendet und ihn verleitet zu wählen, was ihm gefällt, und abzulehnen, was ihm mißfällt. Er neigt dazu, das zu lieben, was ihm die Erinnerung an vergangene Erfahrungen als erfreulich darstellt, und das zu verachten, was ihm die Erinnerung an vergangene Erfahrungen als schmerzlich beschreibt. Die erste leidvolle Spannung heißt *rāga*, Begierde oder Verhaftung, und die zweite *dveṣa*, Haß oder Abneigung.

Alle drei Leidenschaften (*asmitā*, *rāga* und *dveṣa*) sind Spannungen und Leidenschaften, weil sie einen inneren Widerspruch zwischen dem Vorgestellten und dem Wirklichen in sich enthalten. Die fünfte und letzte leidvolle Spannung, *abhiniveśa*, ist so dominierend im Leben des Menschen, daß sie alles andere in den Schatten stellt. Sie ist ein hartnäckiges Festhalten an dem triebhaften Instinkt der Selbsterhaltung. Man kann sich nicht an seinem eigenen Verschwinden, an seiner eigenen Auflösung in nichts erfreuen. Man kann nicht einmal einen Augenblick lang am Verlust der eigenen Wichtigkeit Gefallen finden, ganz gleichgültig, was die anderen über einen denken mögen. Jede Bedrohung unseres

Gefühls der eigenen Wichtigkeit scheint so vernichtend zu sein wie der Tod. Das Interesse an der Steigerung des Selbstgefühls wird vom Menschen als die eigentliche Quintessenz des Lebens angesehen. Man sagt unbewußt zu sich selbst: Was gibt es denn sonst für das menschliche Individuum, wofür es leben oder sterben kann? Dieses Gefühl der eigenen Wichtigkeit übersteigt manchmal sogar die Aussicht auf den Tod. In jedem Zeitalter haben nicht wenige Menschen ihr Leben für ein Ideal oder eine hartnäckige Überzeugung vergeudet, die ihnen ein gesteigertes Gefühl der eigenen Bedeutsamkeit um der Verewigung des eigenen Ruhmes willen gab.

Im Zusammenhang mit diesen vier Arten von leidvollen Spannungen müssen wir noch folgendes erwähnen. Sūtra 4 bezieht sich auf die vier Formen, die die vier aus *avidyā* entstandenen Spannungen je annehmen. *Asmitā* erscheint in der Form von Bewußtseinslosigkeit, die sich als Selbstbewußtsein ausgibt (schlummernd), *rāga* tritt in der Form des Vergnügens an den kleinen Dingen des Lebens auf, *dveṣa* zerstückelt das Leben in eine Unzahl von Fragmenten, die ständig miteinander im Streit liegen, und *abhiniveśa* erzeugt ein Gefühl der Selbsterhaltung, das sich verbreitet und alle Aspekte und Antriebe des Lebens mit seinen Fangarmen umgarnt.

Wie wir gleich sehen werden, muß man mit *abhiniveśa* beginnen, wenn man die Notwendigkeit einsieht, seinen eigenen Geist von allen Spannungen zu befreien. Der yogische Weg, der zur Freiheit von allen Spannungen führt, wird *prati-prasava* oder »Gegen-Schöpfung« genannt. Diese ist der Gegenstand der folgenden Sūtren.

C Der Weg gegen die Strömung – pratiprasava
(Sūtren 10–17)

10 *te pratiprasava-heyāḥ sūkṣmāḥ.*
Die leidvollen Spannungen sind mit Hilfe der Gegenströmung (*pratiprasava*, »Gegen-Schaffung«) aufzugeben, da sie sehr subtil sind.

11 *dhyāna-heyās tadvṛttayaḥ.*
Die seelisch-geistigen Vorgänge, die von ihnen hervorgerufen werden, sind durch Meditation aufzulösen.

12 *kleśa-mūlaḥ karmāśayo dṛṣṭa-adṛṣṭa-janma-vedanīyaḥ.*
Die Ansammlung von Handlungsresten, deren Wurzel die leidvollen Spannungen sind, wird in den sichtbaren (gegenwärtigen) und unsichtbaren (vergangenen oder zukünftigen) Existenzen erfahren.

13 *sati mūle tad-vipāko jāty-āyur-bhogāḥ.*
Wenn diese Wurzel (der leidvollen Spannungen) lebendig ist, sind ihre Ergebnisse die Geburt, die Lebensdauer und die Lebenserfahrungen.

14 *te hlāda-paritāpa-phalāḥ puṇya-apuṇya-hetutvāt.*
Die Erfahrungen von Freude oder Bedrängnis sind die Früchte von Handlungen, die von guter oder böser Absicht motiviert sind.

15 *pariṇāma-tāpa-saṃskāra-duḥkhair guṇa-vṛtti-virodhācca duḥkham eva sarvaṃ vivekinaḥ.*
Aufgrund der Leiden, die durch die Veränderung, die Bedrük-

kung und die unterbewußten Eindrücke entstehen, und weil die Bewegungen der Kräfte der Natur sich gegenseitig stören, erkennen die unterscheidenden Weisen, daß alles Leid ist.

16 *heyam duḥkham anāgatam.*
(Nur) das Leid, das noch zukünftig ist, kann vermieden werden.

17 *draṣṭṛ-dṛśyayoḥ saṃyogo heya-hetuḥ.*
Da die Verbindung des Sehenden mit dem Gesehenen die Ursache des Leides ist, kann es vermieden werden.

KOMMENTAR

Diese Sūtren legen die eigentliche Ursache dar, die den inneren und äußeren Spannungen (*kleśa*) zugrunde liegt. Alles, was der Mensch sieht, beruht auf dem ursprünglichen Kontakt (*saṃyoga*) zwischen zwei Kräften: dem Sehenden und dem Gesehenen (II 17). Aber der Mensch wird sich dieser Tatsache, die seiner ganzen Existenz zugrunde liegt, nicht bewußt. Dieses Nichterkennen dessen, was ist, dieser Verbindung zwischen zwei unterschiedenen Urkräften, ist *avidyā* (II 24). Und es ist die im menschlichen Organismus wirksame Kontinuität des Nichtwissens, die ihn zu der fälschlichen Annahme führt, daß er und sein Leib der »Sehende« und alles andere das »Gesehene« ist. Es ist ihm nicht klar, daß sein eigener Leib genauso ein Objekt ist, das er sehen kann wie jedes andere Objekt und das daher auch dem »Gesehenen« angehört. Es ist ihm auch nicht bewußt, daß das »Sehen« zwei Faktoren benötigt – den »Sehenden« und das, was gesehen wird. Da sein Leib eindeutig zu der Kategorie des »Gesehenen« gehört, kann er nicht der »Sehende« sein. Wer ist dann der »Sehende«, wenn man von dem Körper und von allem, was man beobachten kann, d. h. von dem sichtbaren Objekt, absieht? Der Mensch bemüht sich nie, einen Augenblick anzuhalten, um dieser Frage bis auf den Grund zu gehen. Dieser Mangel an Aufmerksamkeit und Achtsamkeit versetzt ihn in die leidvolle Spannung, genannt Ichverhaftung (*asmitā*, II 6). Von nun an sieht der Mensch die Welt und sein Leben durch die Brille der *asmitā*, der Ichverhaftung. Erst wenn ihn dieses verwirrte »Sehen« wiederholt in Leid (*duḥkha*) geführt hat, wird der Mensch bis auf seine Grundfesten erschüttert. Aber nur wenige sind fähig, sich dieser Erschütterung zu stellen. Die meisten suchen billige Ausflüchte und bewegen sich weiter auf dem alten Weg, der von Nichtwissen und Ichverhaftung bestimmt ist, trotz immer neuer Erfahrungen von Leiden und Verzweiflung. Aber die wenigen, die stehenbleiben und es wagen, dem Leid als der Grundbedingung des Daseins standzuhalten, begeben sich von neuem auf den Weg, auf die Suche nach Identität (*svarūpa*).

Eine solche Suche wird zu einem völlig neuen Beginn, der sich von der Vergangenheit absetzt. Der Mensch ist jetzt dem Leiden (*duḥkha*) ausgeliefert als der unvermeidlichen Folge einer der Vergangenheit verhafteten und blinden Lebensweise. Das Leiden wird nun zu dem »Gesehenen« – dem Endergebnis der Zeit und Zeitlichkeit. Das Leid als die Agonie des Daseins selber wird nun zu dem einzigen Verbindungsglied zwischen ihm, dem »Sehenden«, und dem gesamten Dasein als dem »Gesehenen«. Dieses Bindeglied ist die neuentdeckte Nabelschnur, die ihn mit der Mutter Natur verbindet. Die Natur erhält ihn, aber nur im Elend. Wenn dieses Elend, diese Agonie der Existenz, aufhören soll, muß die Nabelschnur, die den Menschen mit der Natur verbindet, zertrennt werden. Es ist wie die Nabelschnur, die zertrennt werden muß, damit das Kind vom Körper der Mutter befreit wird. Ebenso müssen der »Sehende« und das »Gesehene« in zwei getrennte Daseinskräfte geteilt werden, die sie immer schon waren. Der Kontakt (*saṃyoga*), der durch die Ichverhaftung entsteht, muß als die Wechselwirkung zwischen den beiden unterschiedenen Kräften des »Sehenden« und des »Gesehenen« erkannt werden. Diese Erkenntnis führt zu der Einsicht, daß die Ichverhaftung aufhören muß, damit die reine Anschauung möglich wird.

Es ist diese reine Anschauung oder Erkenntnis, die den Menschen zu einem Weisen, einem *vivekin*, macht (II 15). *Viveka* bedeutet unterscheidende Erkenntnis, Unterscheidungsvermögen,

d. h. eine Einsicht, die immer fähig ist, zwischen dem »Sehenden« und dem »Gesehenen« klar zu unterscheiden, ohne sie zu verwechseln. Im Licht dieser existentiellen Einsicht leuchtet ein neuer Weg auf, eine neue Bewegung, die zur Lösung der Spannungen führt, die den, der sich ihrer nicht bewußt ist, immer wieder in Verwirrung, Konflikt, Chaos und Elend führt. Diese neue erleuchtende Bewegung wird in Sūtra 10 als *pratiprasava*, ein »Schwimmen gegen die Strömung«, bezeichnet.

In Sūtra 10 heißt es, daß die subtilen leidvollen Spannungen aufgegeben werden müssen und daß der einzige Weg, sie aufzulösen, in *pratiprasava* besteht. Dieses Wort setzt sich zusammen aus *prasava* mit der Vorsilbe *prati*. *Prasava* bedeutet: Zeugen, Hervorbringen, Fortpflanzung (ursprünglich das Hervorströmen), und *prati* hat die Bedeutung von: dagegen, gegen. Die Natur bringt alles hervor, sie erzeugt auch den Menschen, der ein Produkt ihrer zeugenden Kraft ist. Aber der Mensch ist das einzige Lebewesen, das fähig ist, sich diese zeugende Kraft der Natur bewußt zu machen. Daher neigen moderne Anthropologen im Zuge der Evolutionslehre dazu, den Menschen als die »sich selbst bewußt gewordene Evolution« zu beschreiben. Wenn man sich so bewußt ist, ist man ein »Sehender«, einer, der die gesamte objektive Welt als ein Produkt der Natur erkennt. Diese außergewöhnliche Fähigkeit des Erkennens ist einmalig im Menschen gegeben. Es ist eine Macht oder Fähigkeit ohne jede Eigenschaft der Qualität oder Quantität, mit denen alle Gegenstände der Natur ausgestattet sind. Der »Sehende« kann nie das gesehene Objekt sein, noch kann er ein mit bestimmten Eigenschaften versehenes konditioniertes Subjekt sein. Diese außergewöhnliche Energie des reinen Sehens ist fähig, zu den Wurzeln der objektiven Wirklichkeit vorzustoßen.

Wenn sich der Mensch dieser Energie des »reinen Sehens« bewußt geworden ist als desjenigen, was sein Menschsein von der ganzen belebten und unbelebten Welt unterscheidet, versetzt ihn dieses Bewußtsein in einen außergewöhnlichen Zustand. Es sind die Phänomene des Leidens, der Angst und der existentiellen Verzweiflung, die fähig sind, dem Menschen diese außergewöhnliche

Kraft des »reinen Sehens« bewußt zu machen, wie es in Sūtra 15 heißt. Der Schock der Erfahrung der Wirklichkeit versetzt den Menschen in diese kritische Lage. In diesem Zustand wird die ganze Vergangenheit sinnlos, und die Zukunft ist in undurchdringliche Finsternis gehüllt. Diese Situation revolutioniert die Zeit und Zeitlichkeit völlig. Die unvermeidliche Folge von Vergangenheit, Gegenwart und Zukunft, in der der menschliche Geist gefangen ist, wird sinnlos, wenn nicht völlig absurd. Leiden, Angst und Verzweiflung, d. h. ein Zustand existentieller Agonie, wird zu der einzigen Verbindung des Menschen mit dem Rest der Welt. Wenn man keine eingebildeten und falschen Ausflüchte aus dieser existentiellen Situation sucht, bleibt man mit ihr konfrontiert und nimmt sie an als die Wirklichkeit des Lebens und Seins, ohne jede innere Spannung. Und da man sich weigert, irgendwelche Fluchtversuche zu machen, und gelassen der existentiellen Situation ins Angesicht blickt, bleibt die Zeit sozusagen stehen. Es ist so, als würde man den Gang der Welt anhalten, der durch *vṛtti-sārūpya*, *avidyā* und *asmitā* in Bewegung gesetzt wurde und mit dem man sich, ohne es zu wollen, mitbewegt hat durch die Identifizierung mit den *vṛttis*.

Die Bewegung des *pratiprasava* ist keine zeitliche Bewegung. Sie blickt vielmehr gelassen auf alles Zeitliche und durchschaut es bis auf die Wurzeln. Wenn die Zeit und die Natur zeugend und schöpferisch sind (*prasavātmaka*), so ist auch *pratiprasava* schöpferisch, aber in umgekehrter Richtung. Man kann es daher auch mit »Gegen-Schöpfung« übersetzen, wenn dies auch kein glücklicher Ausdruck ist. Es kann nur verstanden werden durch eine Handlung, die Yoga ist (*kriyā-yoga*). Wenn man diese »Tat« des reinen Anschauens nicht mitvollzieht, hat dieser Satz keinen Sinn.

Wenn jemand die innere Logik dieser Sūtren versteht, wird er die Welt und sich selbst und die ständige Wechselbeziehung zwischen beiden mit neuen Augen sehen. Sein erster Blick wird dann auf *abhiniveśa* fallen, das Endergebnis aller Spannungen. Er sieht dann, wie das Gefühl der eigenen Wichtigkeit immer nach Verewigung strebt und dem Vergänglichen Dauer verleihen möchte.

Jeder Gedanke, jedes Gefühl, jeder Wunsch und jede Handlung des Menschen wird von seinem Gefühl der eigenen Wichtigkeit beherrscht. Alles in dieser Welt muß dem Zweck der Erhöhung der eigenen Wichtigkeit dienen, als würde man sich im Zentrum dieses weiten und geheimnisvollen Universums befinden. Die ganze Weltanschauung des Menschen wird so von seinem Gefühl der eigenen Bedeutsamkeit geprägt. Man hält die Welt für gut oder schlecht, wahr oder falsch, schön oder häßlich, nur in bezug auf den eigenen Wichtigkeitssinn. Selbst die letzte Wirklichkeit der Welt, Gott oder wie immer man sie bezeichnet, hat sich den Bedürfnissen und Wünschen der Selbst-Bedeutsamkeit des Menschen anzupassen, der sie für sinnvoll oder sinnlos hält. Man entdeckt dann, daß der entscheidende Faktor im menschlichen Leben nicht die Wahrheit oder Unwahrheit, das Gute oder Böse, die Wirklichkeit oder Illusion ist, sondern die sich selbst verewigende eigene Bedeutsamkeit (*svarasavāhī*, II 9), die an den Leib gebunden ist (*tanvanubandhaḥ*). Und diese Absurdität erscheint ihm natürlich und spontan.

Wenn das Wesen und die Struktur des *abhiniveśa* einmal klar erkannt ist, wird einem bewußt, daß der Mensch nur aufgrund seiner Identifizierung mit dieser leidvollen Spannung (die nie als eine Spannung empfunden wird, sondern immer nur als die unbestreitbare Existenz des Ichbewußtseins) eifersüchtig, streitsüchtig, ehrgeizig, aggressiv und zerstörerisch ist. Der Mensch wird so zum Opfer einer Rattenjagd, in der die menschliche Geschichte schon immer gefangen war. Das, was man zeitlichen und geschichtlichen Fortschritt nennt, ist nur die Maske dieser Rattenjagd, und auf dem Grunde dieses Fortschritts in der Zeit befindet sich nichts anderes als die Auswirkungen von *abhiniveśa*.

Pratiprasava zerstört die Festung des *abhiniveśa* und legt damit seine Schrecken bloß. Diese Erkenntnis konfrontiert einen mit *dveṣa*, einem eingeborenen Gefühl des Hasses gegen alles, was das eigene Selbstgefühl verletzt. Dieses Gefühl des Verletztseins nimmt die Form der Selbstrechtfertigung von *abhiniveśa* an, wenn es innerlich genährt wird. Das Bloßlegen von *dveṣa* konfrontiert einen unmittelbar mit *rāga*, der Begierde, die aus einer anhaltenden Erinnerung an angenehme Erfahrungen besteht. Man sieht deutlich, wie die Begierde das Gefühl der eigenen Bedeutsamkeit stärkt und letztlich *abhiniveśa* vermehrt. Die kleinste Störung der Begierde oder Lust, *rāga*, die aus der äußeren Welt kommt, läßt dieses Gefühl sofort in Haß, *dveṣa*, umschlagen – einem Haßgefühl allem gegenüber, was die Begierde bedroht. *Rāga* ist also nur die Kehrseite der Medaille, deren zwei Seiten aus Begierde und Haß bestehen.

Man befindet sich nun angesichts der reinen Ichhaftigkeit (*asmitā*), frei von *rāga-dveṣa-abhiniveśa*. Dieses Ichbewußtsein sieht, aber es erkennt auch die Sinnlosigkeit zu sagen: »Ich sehe.« Es erkennt, daß einem die Sehkraft die äußere Welt, das Gesehene, bewußt macht. Dieses Sehen geschieht von selbst, man kann es weder verursachen noch verhindern. Der »Sehende« und das »Gesehene« sind da, und sie befinden sich in ständiger Wechselwirkung miteinander, sie schaffen eine immer neue und geheimnisvolle Beziehung. Man erkennt die Tatsache: »Sein ist In-Beziehung-Sein.« Es gibt kein Sein ohne Beziehung, obwohl die letztere immer ein Geheimnis bleibt. Wenn man fragt: »Was ist Beziehung?« muß man die Antwort schuldig bleiben, denn in dieser reinen Beziehung zwischen dem »Sehenden« und dem »Gesehenen« hat das Ichbewußtsein keinen Platz. Wenn man das Ich zwischen die beiden einschaltet, deckt man eine Tatsache mit einer Einbildung zu, d. h. man verhüllt das, »was ist«, das Existentielle, mit der Vorstellung, die der ichverhafteten Neigung des Wählens entspringt. Wenn man das Ichbewußtsein (*asmitā*) zwischen die beiden Unbekannten, den »Sehenden« und das »Gesehene«, einschaltet, bewegt man sich unweigerlich auf das Gefängnis von *rāga-dveṣa-abhiniveśa* zu. Aber was geschieht, wenn man sich nicht bewegt? Die Wechselbeziehung zwischen »Sehendem« und »Gesehenem« dauert an. Aber sie bleibt immer ein großes und unbekanntes Geheimnis. Man sieht nun, daß die Ichhaftigkeit in Wahrheit das Erkennen verhindert. Der Wissensdrang ist der Wunsch, für seine eigenen egozentrischen Zwecke etwas zu ergreifen. Der Wissensdrang verschleiert also eigentlich das Nicht-Erkennen durch eine scheinbare Erkenntnis. Diese Erkenntnis oder Erfahrung nimmt dann den Platz des »reinen Sehens« ein. Es ist daher ein Sehen durch die Erfahrung, deren Subjekt das Ich ist. Das erfahrende Ich usurpiert den Platz des »Sehers«.

Warum muß dies so sein? Diese Frage beinhaltet das ganze Geheimnis des Lebens als Beziehung. Wenn *asmitā* mit diesem Geheimnis konfrontiert wird, wird sie sich der *avidyā* bewußt, des totalen Nicht-Erkennens dessen, was ist. Wenn man das Ich zwischen den »Sehenden« und das »Gesehene« einschaltet, zerstört man die Ganzheit dessen, »was ist«, die Ganzheit der Beziehung. Sie zerfällt in Bruchstücke, die sich der Betrachter und das Objekt der Betrachtung oder Erfahrung nennen. Die Ichverhaftung (*asmitā*) wird aus *avidyā* geboren und verfestigt sich dann in *abhiniveśa*. Das nicht zu unterdrückende Gefühl der eigenen Bedeutsamkeit wirkt sich in der Richtung auf eine Selbst-Verewigung aus – das eigentliche Wesen des *abhiniveśa*. Es wird nun klar, warum *avidyā* den Menschen »das für ewig halten läßt, was in Wirklichkeit vergänglich ist, das für rein, was eigentlich unrein ist, und das für angenehm, was in Wahrheit Leiden ist«. Die Neigung zur Selbstverewigung führt natürlicherweise dazu, das für dauerhaft zu halten, was dem Zweck der Selbsterhöhung dient. Vielleicht liegt der Ursprung der Vorstellung von der Unsterblichkeit und Ewigkeit der Seele oder des Selbst (*ātman*) in dieser Form der *avidyā*. Andererseits ist es die Neigung zur Selbstrechtfertigung und Selbstbestätigung, die einen dazu verführt, das für rein zu halten, was eigentlich unrein ist. Und letztlich gaukelt einem die Neigung zur Selbstbefriedigung vor, das sei angenehm und erfreulich, was im Grunde leidvoll ist. *Avidyā*, die zu *abhiniveśa* führt, verkehrt so die ganze Welt der Wirklichkeit. Das ist es, was Sūtra 5 als *avidyā-khyāti* bezeichnet.

Erst wenn man erkennt, daß »alles leidvoll ist« (II 15), wird eine neue Einsicht geboren. Das Bewußtsein oder die Erkenntnis, daß »alles Leid ist«, ist *viveka*, die existentielle Intelligenz oder Unterscheidungsfähigkeit. Sie ist deshalb existentiell, weil sie den Menschen befähigt, zwischen einer aus Spannungen entsprungenen Weltanschauung einerseits und einer von Spannungen freien Weltanschauung andererseits zu unterscheiden. Diese Einsicht löst eine Gegenbewegung aus, genannt *pratiprasava*. Wenn diese »Bewegung gegen den Strom« alle leidvollen Spannungen durchläuft, angefangen von *abhiniveśa* bis *avidyā*, dann wird das ganze Wesen und die Struktur der konditionierten Psyche bloßgelegt.

Pratiprasava macht einem zwei zentrale Tatsachen des eigenen Seins und Lebens bewußt: 1. Entweder man identifiziert sich mit den *vṛttis* (*vṛtti-sārūpya*) und verfängt sich in eine Welt leidvoller Spannungen, denen man durch keine egozentrische Handlung entkommen kann, oder 2. man erkennt diese Tatsache und weigert sich, im Strom dieser Bewegung, die das Ich fortpflanzt und seine Wichtigkeit verstärkt, d. h. im Strom des *prasava*, mitzuschwimmen. Wenn man sich, als Folge der Erkenntnis, daß »alles Leid ist«, für die Bewegungslosigkeit entscheidet, dann entsteht die ganz neue Bewegung des *pratiprasava*.

Pratiprasava löst die Spannungen und hält die aus der Spannung geborene Bewegung des Werdens auf. Wenn die Spannungen wirkungslos werden, sieht man *asmitā* als einen Punkt des Seins, ohne Ausdehnung, alles erfahrend, aber nichts besitzend. Dieses Ich ist frei von dem Gewußten, der Vergangenheit, und weiß nur eines, nämlich sein eigenes Nichtwissen als eine Tatsache des eigenen Daseins. In diesem *Seins*zustand, frei von allem *Werden*, sieht man *avidyā* als das Nicht-Erkennen all dessen, was ist, in seiner Ganzheit. Dieses Nicht-Erkennen geht in den Menschen ein und verleiht ihm sein Ichbewußtsein. Dieses Ichbewußtsein unterscheidet zwischen »ich« und »nicht ich« und entwickelt eine bruchstückhafte Ansicht der Welt, die in Wirklichkeit ein Ganzes ist. Diese Ganzheit fesselt die Aufmerksamkeit des Menschen völlig. *Avidyā* wird also in ein Gefühl des Staunens verwandelt über das abgrundtiefe Nichtwissen auf der einen Seite und das große Unbekannte (die Ganzheit der Welt) auf der anderen.

In diesem ungewöhnlichen Daseinszustand offenbart sich die Wirklichkeit, die eine geheimnisvolle Beziehung zwischen dem »Sehenden« und dem »Gesehenen« ist. Dies ist der Gegenstand der folgenden Sūtren.

D Der Sehende und das Gesehene
(Sūtren 18–25)

18 *prakāśa-kriyā-sthiti-śīlam bhūta-indriya-ātmakaṃ bhoga-apavarga-artham dṛśyam.*
Das »Gesehene« hat die Qualitäten des Lichts, der Aktivität und der Trägheit. Diese drei Eigenschaften manifestieren sich in den (anorganischen) Elementen und in den (Wesen mit) Sinnesorganen, und ihr Zweck besteht darin, daß sie zu Wohlergehen und Erlösung führen.

19 *viśeṣa-aviśeṣa-liṅgamātra-aliṅgāni guṇaparvāṇi.*
Die Formen der dreifachen Kräfte (*guṇas*) sind entweder bestimmt oder unbestimmt, entweder mit oder ohne sichtbare Kennzeichen.

20 *draṣṭā dṛśi-mātraḥ śuddho'pi pratyaya-anupaśyaḥ.*
Der »Sehende« ist nichts anderes als die Energie der Schau. Obwohl er in sich völlig rein ist, sieht er durch die Erfahrung.

21 *tad-artha eva dṛśyasya ātmā.*
Das »Gesehene« existiert nur für den »Sehenden«.

22 *kṛtārtham prati naṣṭam apy anaṣṭam tad-anya-sādhāraṇa-tvāt.*
Für den, der das Ziel erreicht hat, löst (das Gesehene) sich auf, aber es existiert noch weiter für die anderen wegen der Gemeinsamkeit der Erfahrung.

23 *svasvāmi-śaktyoḥ svarūpa-upalabdhi-hetuḥ saṃyogaḥ.*
Die Verbindung (des Sehenden mit dem Gesehenen) ist der

Grund dafür, daß die Wesensidentität des Herrn und der Kräfte erkannt wird.

24 *tasya hetur avidyā.*
Die Ursache dieser Verbindung ist das Nichtwissen.

25 *tad-abhāvāt saṃyoga-abhāvo hānaṃ tad dṛśeḥ kaivalyam.*
Wenn das Nichtwissen aufhört, hört auch die Verbindung auf. Das Aufgeben beider führt zur absoluten Freiheit des Sehers.

KOMMENTAR

Diese Sūtren teilen uns mit, wie sich das existentielle Wesen des Gesehenen und des Sehenden demjenigen offenbart, der von inneren Spannungen frei und dessen Wahrnehmung durch das existentielle Erkenntnisvermögen (*viveka*) erleuchtet ist.

Wir wissen alle, daß wir existieren. Und wir wissen auch, daß die Welt, in der wir leben, existiert. Die Existenz ist offenbar das In-Erscheinung-Treten einer kosmischen Kraft. Dieses In-Erscheinung-Treten, diese Manifestation, ist eine Offenbarung, etwas, das klar vor das Auge oder den Geist tritt. Diese kosmische Kraft, die sich dem Auge oder dem Geist offenbart, ist die Existenz, die sich als Welt manifestiert. Es kann keine Existenz ohne eine treibende Kraft geben, und diese Kraft kann weder behauptet noch geleugnet werden, wenn sie sich nicht selbst dem Auge oder dem Geist als erscheinende Welt offenbart.

Auf der menschlichen Ebene ist es klar, daß sich diese kosmische Energie, die sich unseren Augen oder unserem Geist als Welt offenbart, sozusagen zweifach polarisiert: als der »Sehende« und als das »Gesehene«. Der Mensch nimmt an, daß er der »Sehende« ist und daß alles, was sich vor seinen Augen oder seinem Geist ausbreitet, die Welt des »Gesehenen« ausmacht. Aber wenn ihm die Frage begegnet: »Was ist das Wesen des Sehenden und des Gesehenen?«, ist er verwirrt. Für die Yoga-Disziplin ist dies die Kernfrage. Es kann keine wahre Antwort auf irgendeine Frage geben, wenn diese drei Faktoren, die jeder ernsthaften Frage zugrunde liegen, nicht klar erkannt werden. Diese drei sind: 1. das Wesen des »Gesehenen«, 2. das Wesen des »Sehenden« und 3. das Wesen der existentiellen Beziehung zwischen den beiden.

Die Disziplin des Yoga konfrontiert den Menschen mit dieser existentiellen Situation. Zu Beginn haben die Sūtren unsere Aufmerksamkeit auf die seelisch-geistigen Vorgänge gerichtet, die der vorstellenden und wählenden Neigung des Menschen entspringen. Sie ließen uns erkennen, daß wir, solange wir mit unseren *vṛttis* identifiziert sind, zu keiner reinen Erkenntnis dessen, »was ist«, kommen können. Die Erkenntnis dieser Wahrheit macht uns eindringlich bewußt, wie wichtig *vṛtti-nirodha* für die Erkenntnis dessen, »was ist«, d. h. des Wesens unseres Daseins in dieser Welt, ist. Und wenn man versucht, in einem Zustand von *vṛtti-nirodha* zu verharren, begegnen einem unzählige Hindernisse, die es uns erschweren, in einem von *vṛttis* freien Zustand zu verbleiben. Die Yoga-Sūtren zeigen dann das Wesen dieser Hindernisse auf und erklären uns, was wir tun müssen, um im Zustand des Yoga zu verbleiben. Diese Tätigkeit wird *kriyā-yoga* genannt. Diese yogische Handlung macht die Tatsache deutlich, daß es die Wirkung der inneren Spannungen (*kleśas*) ist, die uns daran hindert, im Yoga fest zu bleiben. Die Sūtren legen dann die Art dieser Spannungen dar und zeigen uns, wie sie die menschliche Psyche unfrei machen. Sie zeigen uns auch den Weg des *pratiprasava*, der alle Leidenschaften und Spannungen beseitigt. Mit Hilfe von *pratiprasava* erreicht man ein Stadium, in dem der Geist von Spannungen frei wird und in dem die Erkenntnis durch die existentielle Intelligenz (*viveka*) erleuchtet wird. Was sieht man nun? Man erkennt nun deutlich das existentielle Wesen des »Gesehenen« sowie des »Sehenden«.

Sūtra 18 beschreibt die Natur der beobachtbaren Welt, des Sichtbaren. Im Grunde erhellt der Akt der unterscheidenden Einsicht (*viveka*) von selbst die Natur der objektiven Welt. Man sieht, daß der eigene psychosomatische Organismus ein Teil der objektiven Welt ist. Es ist so, als ob die gesamte objektive Welt in unserem Leib zusammengefaßt wäre, so daß sich ihre Natur in den

Wirkungen, die sich von Augenblick zu Augenblick in unserem Körper abspielen, widerspiegelt. Es wird einem bewußt, daß »das, was hier ist, überall ist, und was nicht hier ist, nirgends sein kann«. In diesem Zustand sieht man seinen Körper in vollkommener Ruhe, und seine Aktivität ist fast nicht mehr wahrnehmbar. Man identifiziert diesen Zustand als Regungslosigkeit (*sthiti*). Dann beobachtet man eine Vielfalt von Aktivitäten im eigenen Körper und Geist, die von einer dynamischen Energie geladen sind. Diese aktive Energie identifiziert man als *kriyā*. Und durch die Wahrnehmung der Aktivität wird einem die Tatsache bewußt, daß dieselbe Kraft, die uns die Fähigkeit gegeben hat, die Regungslosigkeit und Aktivität zu erkennen, vom Wesen des Lichtes ist (*prakāśa*).

Die gesamte objektive Welt (einschließlich unseres lebenden Organismus) besteht also aus der dreifachen Energie (*guṇa*), die *prakāśa*, *kriyā* und *sthiti* genannt wird. Als moderner Mensch findet man diese Beschreibung der objektiven Welt erstaunlich. Auf der physischen Ebene sind alle Gegenstände natürlicherweise dem Gesetz der Trägheit unterworfen, d. h., sie widerstehen der Umwandlung. Die moderne Naturwissenschaft stellt aufgrund sorgfältiger Untersuchungen und Experimente fest, daß alle Körper der Erde dazu tendieren, in einem Ruhezustand oder in einem Zustand einförmiger Bewegung zu verharren, solange sie nicht von einer äußeren Kraft angetrieben werden. Das ist das moderne, naturwissenschaftliche Gesetz der Trägheit. Auf der physischen Ebene entspringt die Tätigkeit der ungleichen Schwerkraft verschiedener Körper. Auf der biologischen Ebene entsteht die Tätigkeit aus den vitalen Kräften, die die anorganische Materie mit Lebensenergie laden. Und auf der psychologischen Ebene hat die Tätigkeit ihren Ursprung in den vorstellenden und wählenden Bewegungen des menschlichen Geistes.

Die ganze objektive Welt wird so als ein Ergebnis des natürlichen Zusammenspiels der dreifachen Kräfte angesehen, wie es in Sūtra 18 beschrieben wird. Diese drei Energien (*guṇas*) manifestieren sich in anorganischen (*bhūtātmaka*) und organischen Objekten (*indriyātmaka*). Die organische und anorganische Welt wird vom Menschen erfahren. Diese Erfahrung selbst ist die Energie der Erleuchtung.

Die dreifachen Energien der Natur sind untrennbar verbunden. Sie können nicht voneinander getrennt werden, aber sie müssen klar unterschieden werden. Wenn der Aspekt der Trägheit (*sthiti*) vorherrscht und die anderen zwei Aspekte mehr oder weniger inaktiv sind, dann nennen wir einen solchen Gegenstand einen physischen Körper (*bhūta*). Wenn der Aspekt spontaner Aktivität vorherrscht (*kriyā*), d. h. eine innere, sich selbst antreibende Tätigkeit, und die anderen beiden sich in einem schlummernden Zustand befinden, dann nennen wir dieses Objekt ein Lebewesen, einen lebendigen Organismus, der mit Sinnesorganen ausgestattet ist (*indriyātmaka*). Und wenn der Aspekt des Lichtes oder der Selbsterleuchtung (*prakāśa*) dominiert und die anderen beiden nicht hervortreten, dann nennen wir dieses Wesen ein bewußtes Lebewesen. Der Mensch ist sich von allen Lebewesen seiner selbst am meisten bewußt. So besteht die Einheit der dreifachen Energien der Natur (*guṇas*) in allen Dingen als das innere ökologische Gleichgewicht ihrer gegenseitigen Wechselwirkungen. Dieses Gleichgewicht kann zugunsten der einen oder anderen der drei Kräfte variieren, aber es bleibt dabei immer intakt. Die ganze objektive Welt mit ihrer verwirrenden Vielfalt belebter und unbelebter Körper wird so in einem ökologischen Gleichgewicht durch die Kraft des sich immer wandelnden Ausgleiches der drei Energien der Natur zusammengehalten.

Es erhebt sich aber die Frage: Wozu all das? Was ist der Sinn und Zweck? Die Antwort des Yoga lautet: *bhoga-apavarga-artha*. *Bhoga* heißt Erfahrung, und *apavarga* bedeutet die Freiheit durch Erfahrung. Der Mensch und die Welt als ganze (einschließlich des menschlichen Organismus) sind durch nichts anderes verbunden als durch die Sinneserfahrungen. Ohne diese Erfahrungen würde alles dunkel und völlig unverständlich bleiben. Daher ist die Erfahrung (*bhoga*) die existentielle Verbindung (*yoga*) zwischen dem Menschen und der Welt. Es ist vom Menschen her gesehen also klar, daß die Welt dazu existiert, um ihm Erfahrungen zu ermöglichen. Aber der Mensch entdeckt, daß seine Erfahrungen widersprüchlich sind, daß sie Spannungen, Verwirrung und Chaos stiften, die sein Leben bedrohen. Der Mensch muß daher, wenn er überleben will, seine Erfahrungen einer sorgsamen Beobachtung und kritischen Prüfung unterziehen, um einen Ausweg aus seinen Spannungen und seiner Verwirrung zu finden. Nur so kann er einen Ausweg entdecken, und zwar den Weg des *pratiprasava*, der zur Freiheit von allen Spannungen und Konflikten führt. Infolgedessen, sagt Sūtra 18, ist die existentielle *raison d'être* der ganzen objektiven Welt, dem »Sehenden« Erfahrungen anzubieten und ihn durch das richtige Verständnis aller Erfahrungen zu befreien (*apavarga*).

Der Ausdruck *bhoga-apavarga-artha* muß richtig verstanden werden. Er erweckt den Anschein einer teleologischen Aussage über die Bestimmung des Menschen und der Welt. Er ist jedoch nicht so gemeint. Wer kann vorgeben, den Zweck und den letzten Sinn dieses geheimnisvollen Universums zu kennen? Der Yoga stellt diesen Anspruch nicht. Mit dieser Aussage soll lediglich die existentielle Situation bezeichnet werden. Es ist eine Tatsache, daß der Mensch nur das erfährt, was ihm die Existenz als ganzes anbietet. Die Welt schenkt ihm Erfahrungen, die schmerzlich, freudig oder wie immer sein können. Wenn man sagt, daß die Welt existiert, um dem Menschen Erfahrungen zu schenken, so macht man nur eine Aussage über die existentielle Situation. Ebenso ist es eine Tatsache, daß die Erfahrungen einander widersprechen können und Spannungen und Verwirrung hervorrufen, die die Existenz des Menschen auf der Erde bedrohen. So wird der Mensch gezwungen, nach einem Ausweg zu suchen. Einen Ausweg aus Spannungen, Verwirrungen, Chaos und der Bedrohung des Lebens. Dazu wird der Mensch durch sein Erkenntnisvermögen befähigt, eine Gabe seines Daseins selbst. Diese Erkenntnis, die Folge eines vom Wählen völlig freien Bewußtseins, führt zur Lösung aller inneren Spannungen, die durch widersprüchliche Erfahrungen unvermeidlich hervorgerufen werden. Wenn man daher die Aussage macht, daß die objektive Welt nur dazu existiert, um dem Menschen Erfahrungen oder *bhoga* zu ermöglichen und ihn durch das richtige Verständnis dieser Erfahrungen aus der

Verwirrung zu befreien (*apavarga*), so projiziert man nicht einen Zweck oder Plan auf die Welt in der Form einer Begriffskonstruktion, sondern man sagt nur etwas über die Implikationen der existentiellen Situation aus. Genau das besagt der Ausdruck *bhoga-apavarga-artha*.

Das Wort *bhoga* bedeutet wörtlich »Essen, Verzehren, Genuß, Befriedigung«. Die Lebewesen müssen in der Welt der Natur die geeigneten Dinge im rechten Maß zu sich nehmen, um zu überleben. Das ist ein existentieller Imperativ. Dies ist *bhoga* – die existentielle Verbindung (*yoga*) zwischen dem Menschen und der Welt. *Bhoga* ist daher die Erfahrung dessen, was den Menschen im existentiellen Sinn mit der Welt verbindet. Und wenn der Mensch widersprüchlichen Erfahrungen begegnet oder wenn sein Dasein fragwürdig wird, ist er schon aufgrund seines Selbsterhaltungstriebes gezwungen, seine Erfahrungen kritisch zu prüfen, um einen Ausweg aus seinen Konflikten zu finden. Auch das ist ein existentieller Imperativ. Dieser Weg in die Freiheit wird *apavarga* genannt.

Das Wort *apa-varga* ist eine Zusammensetzung aus *varga* mit dem Präfix *apa*. *Apa* heißt »weg, fort, zurück«, und *varga* kommt von der Wurzel *vṛj*, die unter anderem »wählen« bedeutet; ihre anderen Bedeutungen sind hier nicht wichtig. *Apavarga* bedeutet daher eine »Bewegung, die sich vom Wählen abwendet«; die letzte Freiheit, Erfüllung und Vollendung. *Bhoga* ist unvermeidlich ein Ergebnis der wählenden Neigung des Menschen, die seine eingefleischten Sympathien und Antipathien bedingt. Der Ausdruck *bhoga-apavarga-artha* bedeutet daher: Die objektive, sichtbare Welt ist dazu da, um dem Menschen Erfahrungen zu verschaffen (*bhoga*) und ihn durch *bhoga* von allen Spannungen, Verwirrungen und Konflikten zu befreien, deren Bewegung von *bhoga* angetrieben wurde. *Apavarga* ist daher die Bewegung, die von *bhoga* wegführt und somit von der Neigung zu wählen, die *bhoga* mit sich bringt.

In Sūtra 19 heißt es, daß *dṛśya* oder das »Gesehene«, d. h. die Gegenstände der Welt, entweder qualifiziert oder nicht qualifiziert, einmalig oder nicht einmalig sind und daß sie sichtbare

Kennzeichen tragen, an denen sie identifiziert werden können oder nicht. Auch diese Aussage über die Wirklichkeit ist aus einer von Spannungen freien Erkenntnis entstanden.

Sūtra 20 beschreibt das existentielle Wesen des »Sehenden«. Wenn die ganze Welt, einschließlich des menschlichen Organismus, ein Produkt der dreifachen Kräfte der Natur ist, was kann man dann noch über den »Sehenden« aussagen? Was übrigbleibt, ist die reine »Sehkraft«, die den Menschen befähigt, das existentielle Wesen der beobachtbaren Welt, des Sichtbaren, zu erkennen. Der »Beobachter« und das »Beobachtete« bedingen sich gegenseitig und setzen sich gegenseitig voraus. Aber das Beobachtete oder Sichtbare kann nicht zu dem Beobachter oder Sehenden werden. Der gesamte menschliche Organismus ist das Beobachtete. Wenn dieser Organismus nichts anderes enthalten würde, was die Welt beobachtbar macht, dann würde das ganze Dasein immer dunkel und unverständlich bleiben. Tatsächlich aber kann es beobachtet und verstanden werden. Das ist möglich durch die Erfahrungen, die die Welt dem Menschen anbietet. Und wenn die Erfahrungen den Geist verwirren, muß der Mensch einen Ausweg finden. Dieser Ausweg wird durch die reine Erkenntnis oder die reine Sehkraft (*dṛśimātra*) möglich. Diese Kraft kommt durch Erfahrungen zustande, aber wenn die Erfahrungen den Geist verwirren, muß er von den Bewegungen der Vorstellung und des Wählens befreit werden, die seiner ganzen Verwirrung zugrunde liegen. Die Disziplin des Yoga bewirkt diese entwirrende Befreiung. Die Schau im Zustand des Yoga offenbart dem Menschen, daß die ganze sichtbare Welt dazu existiert, um den »Sehenden« aus seiner Verstrickung in das »Gesehene« zu befreien (II 21).

Sūtra 22 ist eher schwierig. Es besagt: Da der Grund für die Existenz der Welt in der Befreiung des »Sehenden« aus der verwirrenden Verstrickung in das »Gesehene« besteht, hört die Welt für ihn auf zu existieren, wenn die Befreiung eingetreten ist. Aber sie besteht fort für die anderen »Sehenden«, die noch in die gewöhnlichen Erfahrungen verstrickt sind. Wenn die Befreiung die Zerstörung der objektiven Welt für den »Sehenden« bedeutet, warum existiert sie dann weiter, und was ist der Sinn seiner weiteren Existenz? Der Sinn ist der, daß allein die aus *avidyā* geborene, falsche Sicht der Welt aufhört zu existieren. In den Augen der Menschen, die in *avidyā* und den aus ihr entstandenen Spannungen befangen sind, ist dies die sogenannte objektive Welt. Nur diese verwirrte, verkehrte Welt löst sich vor den Augen des befreiten »Sehenden« auf. Danach lebt er in einer Welt der Wirklichkeit, die aus *viveka-khyāti* entstanden ist. Seine Lebensweise ist nun Yoga. Diese yogische, von Augenblick zu Augenblick gelebte Lebensweise wird in den folgenden Sūtren beschrieben, ihre Erfüllung oder Vollendung im allerletzten Sūtra des letzten Teiles.

Die Sūtren 23 bis 25 erklären, daß diejenigen, die in *avidyā-khyāti* gefangen sind, in einer Scheinwelt leben, ob sie gebildet sind, wie es in Sūtra 9 IM ZUSAMMENHANG MIT *abhiniveśa* heißt, oder unwissend. Sie bleiben in einer Welt der Illusion befangen, weil sie nicht einsehen, daß die Verbindung (*saṃyoga*) zwischen dem »Sehenden« und der objektiven Welt ihnen dazu verhilft, ihre existentielle Identität zu entdecken (II 23). Sie erkennen auch nicht, daß *avidyā* die Wirk-Ursache dieses Kontaktes ist (II 24). Aber derjenige, der die existentielle Bedeutung von *saṃyoga* und *avidyā* erkennt, entscheidet sich für *kriyā-yoga*, gibt *avidyā* auf und entdeckt, daß die Verbindung aufgehört hat zu existieren. Die aus *avidyā* und *saṃyoga* geborene Weltanschauung löst sich in nichts auf. Der »Sehende« gründet sich in seiner Wesensidentität und lebt in vollkommener Freiheit (*kaivalya*), wie es in Sūtra 25 heißt.

Die folgenden Sūtren beschreiben die Merkmale der yogischen Lebensweise, die aus Freiheit geboren ist, in Freiheit lebt und eine immer neue Schöpfung hervorbringt (IV 34).

E Die achtblättrige Blüte des Yoga
(Sūtren 26–55)

26 *viveka-khyātir aviplavā hāna-upāyaḥ.*
Die Schau der unterscheidenden Erkenntnis, die nicht mehr in die Irre geht, ist der Weg, (das Nichtwissen) aufzugeben.

27 *tasya saptadhā prānta-bhūmi-prajñā.*
Die Weisheit, die aus dieser (unterscheidenden Erkenntnis) entspringt, erstreckt sich auf sieben Stufen (des achtgliedrigen Yoga).

28 *yoga-aṅga-anuṣṭhānād aśuddhi-kṣaye jñāna-dīptir ā viveka-khyāteḥ.*
Wenn die Unreinheit geschwunden ist durch die Ausübung der (acht) Yoga-Glieder, leuchtet die Erkenntnis auf bis hin zur Schau der Unterscheidung.

29 *yama-niyama-āsana-prāṇāyāma-pratyāhāra-dhāraṇā-dhyāna-samādhayo'ṣṭāv aṅgāni.*
Äußere und innere Disziplin (*yama* und *niyama*), Körperhaltung, Atemregelung, Zurückhalten der Sinne (von den Objekten), Konzentration, Meditation und Versenkung sind die acht Aspekte des Yoga.

Kommentar

Mit dem Auftauchen der unterscheidenden Erkenntnis (*viveka*, II 15) wird ein ganz neuer Lebensstil ins Dasein gerufen, der die yogische Lebensweise genannt wird (*yoga-aṅga-anuṣṭhāna*,

II 28). *Viveka-khyāti* (II 26) bedeutet eine Schau oder Weltanschauung (*khyāti*), die aus unterscheidender Erkenntnis (*viveka*) entsteht (II 15). Die Menschen werden geboren und erzogen in der Anschauung des Nichtwissens (*avidyā-khyāti*), die das Kennzeichen des Entwicklungsstromes der Natur ist (vgl. *prakṛtyāpūra*, IV 2). Daher wird ihr ganzes Leben von *avidyā-khyāti* bestimmt oder konditioniert. In der Anschauung der *avidyā-khyāti* ist man unfähig, das Wirkliche vom bloß Vorgestellten, das Tatsächliche vom Erträumten zu unterscheiden. Die beiden werden verwechselt, und so herrscht Verwirrung im menschlichen Leben. Aufgrund dieser Verwirrung hält man das für dauerhaft, was in Wirklichkeit vergänglich ist, das für rein, was in Wahrheit unrein ist, und das für angenehm, was eigentlich leidvoll ist (II 5). *Avidyā-khyāti* ist daher eine verkehrte Weltanschauung, in der die Wirklichkeit, d. h. die existentielle Situation des Menschen, völlig entstellt wird.

Wenn diese Weltanschauung den Menschen in endloses Leid führt, beginnt er, die überkommene und konformistische Lebenshaltung, die dem konditionierten Bewußtsein entstammt, in Frage zu stellen. Dieses In-Frage-Stellen bringt die unterscheidende Erkenntnis hervor (*viveka*). Und wenn man beginnt, im Licht dieser existentiellen Einsicht zu leben, entfaltet sich diese Lebensweise in acht Aspekte des Lebens als einheitliches Ganzes. Dies wird der achtfache Yogaweg (*aṣṭāṅga-yoga*) genannt. Die acht Aspekte der yogischen Lebensweise werden in Sūtra 29 genannt, und in den folgenden Sūtren wird die Bedeutung jedes dieser Aspekte kurz, aber präzis erklärt.

Nach Ansicht des Yoga muß sich der Mensch entweder für die yogische Lebensweise entscheiden oder in *avidyā-khyāti* befangen bleiben, was ihn unvermeidlich in endloses Leid, Elend und Chaos führt und schließlich zu einer Bedrohung des menschlichen Lebens auf diesem Planeten ausartet. Daher muß der Mensch entweder den Weg des Yoga annehmen oder aber aussterben, wie so viele Gattungen vor ihm in der Vergangenheit ausgestorben sind aufgrund ihrer Unfähigkeit, sich an die ständig sich wandelnden existentiellen Situationen anzupassen.

Der achtfache Weg des Yoga als Lebensweise ist ein Weg, der eine radikale Verwandlung im Geist des Menschen bewirkt, der von *avidyā-khyāti* beherrscht wird. Ohne eine solche radikale Verwandlung wird der Mensch nur weiter unter dem Einfluß der verkehrten Weltanschauung bleiben. Wie wunderbar auch sein historisches, traditionelles und konformistisches Weltbild aussehen mag – sei es eine weltliche oder religiöse, physische oder metaphysische, wissenschaftliche oder ideologische, zeitliche oder transzendentale Ansicht –, keine von ihnen kann den Menschen je befähigen, eine lebendige und sinnvolle Beziehung zu seiner existentiellen Situation herzustellen. Gelegentlich mögen Menschen, die von einem solchen Weltbild beherrscht sind, auf dem einen oder anderen Gebiet des Lebens tatsächliche Entdeckungen machen. Aber jedes Weltbild, das sich auf solche unzusammenhängende und losgelöste Einsichten gründet, muß notwendig fragmentarisch bleiben und daher immer wieder zu Spannungen, Konflikten und Chaos führen und damit zu einer ständig wachsenden Bedrohung des menschlichen Lebens. An dieser Tatsache hat sich bis zum heutigen Tag nichts geändert.

Daher erfordert die sich immer wandelnde existentielle Situation eine radikale Verwandlung im menschlichen Bewußtsein selbst und nicht nur in einigen Aspekten der aus *avidyā-khyāti* geborenen Weltanschauung. Gelegentliche Veränderungen, die nur den einen oder anderen Aspekt betreffen, müssen notwendig fragmentarisch bleiben; sie können nie den Kern der Sache berühren. Dieser Kern ist die Qualität des Bewußtseins. Infolgedessen, soll die Verwandlung wirklich und radikal sein, muß sie in diesem zentralen Kern geschehen. Oberflächliche Veränderungen hat es im Lauf der langen Geschichte des Menschen immer wieder gegeben. Aber sie haben den zentralen Bereich der existentiellen menschlichen Situation meist unberührt gelassen. Spannungen, Verwirrung, Konflikte und Chaos bedrohen noch heute den Menschen und das Leben. Nur die Seher des Yoga im Sinn der Yoga-Sūtren erkannten, wo und wie eine radikale Veränderung geschehen muß, um den Menschen aus dieser selbstmörderischen und mörderischen Situation zu befreien.

Im Sūtra 26 heißt es, daß *viveka-khyāti* der Ausweg aus dieser Situation ist. Die Schau der Unterscheidung macht den Menschen fähig, die gesamte psycho-mentale Struktur, die aus der Schau des Nichtwissens (*avidyā-khyāti*) entstanden ist, abzulegen, und sie schafft so Bedingungen, die für die totale Verwandlung notwendig sind. Sie ist deshalb dazu fähig, weil sie aus der Erkenntnis entsteht, die das Unheil, das das Nichterkennen (*avidyā*) im Menschen anrichtet, durchschaut. Infolgedessen befreit sie aufgrund der bloßen Tatsache des Verwerfens der *avidyā-khyāti* von allen Spannungen. Es ist so, wie wenn man eine giftige Schlange sieht und ihr aus dem Weg geht. Die Bedrohung des Überlebens des Menschen als eines wahrhaft menschlichen Wesens durch *avidyā-khyāti* ist aber unendlich zerstörerischer als die Bedrohung durch eine Schlange. Eine Schlange kann einen einzelnen töten, aber die Bedrohung, die auf *avidyā-khyāti* zurückgeht, hat zahllose Generationen der Menschheit in zahllosen Jahrhunderten verschlungen. Die bloße Wahrnehmung dieses Schreckens verleiht *viveka-khyāti* die Eigenschaft, Spannungen zu beseitigen und nicht mehr ins Schwanken zu kommen (*aviplavā*).

Viplava heißt »herumtreiben, in verschiedene Richtungen treiben, zerstreuen, verwirren, usw.«. *Viplava* ist dasjenige, was in der menschlichen Psyche Chaos stiftet und sie zwingt, in völliger Finsternis umherzuirren auf der Suche nach einer Erfüllung ihrer sinnlosen und chaotischen Bedürfnisse. *Viveka-khyāti* macht dieser von *viplava* hervorgerufenen Finsternis ein Ende durch das Licht der unterscheidenden Erkenntnis, das aus der Einsicht auftaucht, daß »alles Leid ist« (II 15).

Sūtra 27 stellt fest, daß das Licht der Unterscheidungsschau (*viveka-khyāti*) sich auf die ersten sieben Aspekte des achtfachen yogischen Weges erstreckt, der in Sūtra 29 erwähnt wird. Nur der letzte Aspekt, nämlich *samādhi*, bleibt außerhalb des Bereiches der *viveka-khyāti*. Der Grund dafür ist der, daß *samādhi* eine explosionsartige Verwandlung ist, für die *viveka-khyāti* nur die notwendigen Voraussetzungen schafft. Diese Explosion übersteigt die Schau der Unterscheidung. Wenn man das tägliche Leben im Licht dieser unterscheidenden Erkenntnis lebt, beginnt sich das Geheimnis des Lebens von selbst zu entfalten. Wie eine Knospe ihre Blütenblätter entfaltet das Leben ein Blütenblatt nach dem anderen und versetzt einen auf immer lebendigere Weise und immer tiefer in das Herz des Lebens selbst. Dieser Vorgang ist ein ewiges kosmisches Wunder. In diesem Vorgang, sagt Sūtra 28, stößt der psychosomatische Organismus bei der Entfaltung eines jeden Blütenblattes seine Unreinheiten ab. Je reiner die Wahrnehmung und Handlung wird, um so mehr leuchtet der Glanz der Unterscheidungsschau, die nun fast alle Bereiche des menschlichen Lebens und seiner existentiellen Beziehung zu der objektiven Welt erhellt (II 28).

Sūtra 29 zählt die acht Aspekte der Lebensweise des Yoga auf. Jedes dieser Glieder wird in Sūtren 30 bis 55 des II. Teiles und in Sūtren 1 bis 3 des III. Teiles erklärt. Die meisten dieser Sūtren sprechen für sich selbst. Aber es wird notwendig sein, diese »achtblättrige Blüte des Yoga» zu erforschen, um ihre unermeßliche Bedeutung für das menschliche Leben zu erfassen. Wir werden daher im nächsten Kapitel einige Bemerkungen zu der achtblättrigen Blüte des Yoga hinzufügen.

Sūtren 30–55

30 *ahiṃsā-satya-asteya-brahmacarya-aparigrahā yamāḥ.*
Gewaltlosigkeit, Wahrhaftigkeit, Nicht-Stehlen, reiner Lebenswandel und Nicht-Besitzergreifen sind die (Regeln der) äußeren Disziplin (*yama*).

31 *jāti-deśa-kāla-samaya-anavachinnāḥ sārvabhaumā mahāvratam.*
Diese Regeln umfassen das große Gelübde, das alle Bereiche des Lebens durchdringt und unabhängig ist von den Begrenzungen durch Geburt, Ort, Zeit und Umstände.

32 *śauca-saṃtoṣa-tapaḥ-svādhyāya-īśvarapraṇidhānāni niyamāḥ.*

Reinheit, innere Ruhe, Askese, eigenes Studium und Hingabe an Gott sind die inneren Disziplinen (*niyama*).

33 *vitarka-bādhane pratipakṣa-bhāvanam.*
Bei einer Behinderung durch störende Gedanken soll man über das Gegenteil meditieren.

34 *vitarkā hiṃsādayaḥ kṛta-kārita-anumoditā lobha-krodha-moha-pūrvakā mṛdu-madhya-adhimātrā duḥkha-ajñāna-ananta-phalā iti pratipakṣa-bhāvanam.*
Störende Gedanken sind Gewaltsamkeit usw. (d. h. Lüge, Stehlen, Zügellosigkeit und Besitzgier). Sie entstehen aus getanen, veranlaßten oder gebilligten Handlungen, die von Gier, Zorn oder Verwirrung motiviert sind und die in schwachem, mittlerem oder hohem Grad auftreten. Ihr Ergebnis ist endloses Leid und Nichtwissen. (Das Bewußtsein von diesem Vorgang) ist Meditation über das Gegenteil.

35 *ahiṃsā-pratiṣṭhāyāṃ tat-saṃnidhau vaira-tyāgaḥ.*
Wenn man in der Gewaltlosigkeit fest gegründet ist, (schafft man eine Atmosphäre des Friedens, und) alle, die in die Nähe kommen, geben die Feindschaft auf.

36 *satya-pratiṣṭhāyāṃ kriyā-phala-āśrayatvam.*
Wenn man in der Wahrhaftigkeit fest gegründet ist, schafft man eine Grundlage für die Reifung der Taten.

37 *asteya-pratiṣṭhāyāṃ sarva-ratna-upasthānam.*
Wenn man im Nicht-Stehlen fest gegründet ist, kommen einem alle Schätze von selbst zu.

38 *brahmacarya-pratiṣṭhāyām vīrya-lābhaḥ.*
Wenn man im reinen Lebenswandel fest gegründet ist, erlangt man große Kraft.

39 *aparigraha-sthairye janma-kathaṃtā-sambodhaḥ.*

Wenn man im Nicht-Besitzergreifen fest gegründet ist, erkennt man das Wesen des Lebens.

40 *śaucāt sva-aṅga-jugupsā parair asaṃsargaḥ.*
Aus der Übung der Reinheit entsteht eine Abneigung gegen den eigenen Körper und gegen die Berührung mit anderen Körpern.

41 *sattvaśuddhi-saumanasya-ekāgratā-indriyajaya-ātmadarśana-yogyatvāni ca.*
Sie führt auch zu innerer Reinheit, Güte, Konzentration, Beherrschung der Sinne und macht einen fähig zur Schau des eigenen Selbst.

42 *saṃtoṣād anuttamaḥ sukhalābhaḥ.*
Aufgrund der inneren Ruhe erlangt man unübertreffliche Freude.

43 *kāya-indriya-siddhir aśuddhi-kṣayāt tapasaḥ.*
Die Askese führt zur Beherrschung von Körper und Sinnen, weil die Unreinheiten beseitigt werden.

44 *svādhyāyād iṣṭa-devatā-saṃprayogaḥ.*
Durch eigenes Studium entsteht eine Verbindung mit der erwählten Gottheit (*iṣṭadevatā*).

45 *samādhi-siddhir īśvarapraṇidhānāt.*
Durch Hingabe an Gott erlangt man die vollkommene Versenkung (*samādhi*).

46 *sthira-sukham-āsanam.*
Die Sitzhaltung soll fest und angenehm sein.

47 *prayatna-śaithilya-ānantya-samāpattibhyām.*
Diese Sitzhaltung soll man in völliger Entspannung und in einem Zustand der Betrachtung des Unendlichen einnehmen.

48 *tato dvandva-anabhighātaḥ.*
Daraus ergibt sich eine Unempfindlichkeit den Gegensatzpaaren (wie Hitze und Kälte usw.) gegenüber.

49 *tasmin sati śvāsa-praśvāsayor gati-vicchedaḥ prāṇāyāmaḥ.*
Wenn man darin feststeht, folgt die Atemregelung, die ein Innehalten im Rhythmus von Ein- und Ausatmen ist.

50 *bāhya-abhyantara-stambha-vṛttir deśa-kāla-saṃkhyābhiḥ paridṛṣṭo dīrgha-sūkṣmaḥ.*
(Die Atemregelung) besteht aus den Vorgängen des Ausatmens, Einatmens und Anhaltens, und sie ist lang oder subtil, wenn Ort, Dauer und Zählung beobachtet werden.

51 *bāhya-abhyantara-viṣaya-ākṣepī caturthaḥ.*
Die vierte Form (der Atemregelung) übersteigt die äußeren und inneren Gegenstände.

52 *tataḥ kṣīyate prakāśa-āvaraṇam.*
Dadurch wird der Schleier, der die innere Erleuchtung bedeckt, entfernt.

53 *dhāraṇāsu ca yogyatā manasaḥ.*
Es entsteht eine Fähigkeit zur Konzentration des Denkens.

54 *svaviṣaya-asaṃprayoge cittasya svarūpa-anukāra iva indriyāṇām pratyāhāraḥ.*
Wenn die Sinne sich von ihren Objekten zurückziehen und sozusagen in das Eigenwesen des Geistes eingehen, so heißt dieser Zustand das »Zurückhalten der Sinne« (*pratyāhāra*).

55 *tataḥ paramā vaśyatā indriyāṇām.*
Daraus entsteht eine vollkommene Beherrschung der Sinne.

Anmerkung: Sūtren 30 bis 55 behandeln die fünf Aspekte oder Glieder (*aṅga*) des Yogaweges. Die letzten drei Aspekte werden in den Sūtren 1 bis 3 des III. Teiles erklärt.

Teil III
Über die übernatürlichen Kräfte: Vibhūti Pāda

A Die achtblättrige Blüte des Yoga (Fortsetzung)
(Sūtren 1–3)

1 *deśa-bandhaś cittasya dhāraṇā.*
Das Festhalten des Bewußtseins in der Leere des Raumes* ist Konzentration (*dhāraṇā*).

2 *tatra pratyaya-ekatānatā dhyānam.*
Dort (in dieser Konzentration) ist das Einstimmen in einen einzigen Erfahrungsakt Meditation (*dhyāna*).

3 *tad eva artha-mātra-nirbhāsaṃ svarūpa-śūnyam iva samādhiḥ.*
Nur die Meditation, die den Gegenstand allein zum Leuchten bringt und wobei man sozusagen der eigenen Identität entblößt ist, ist Versenkung (*samādhi*).

Kommentar

Diese acht Aspekte des Yoga (II 29) bilden zusammen den achtfachen yogischen Weg. Auf diesem Weg erwacht das schlummernde Bewußtsein zur leuchtenden Klarheit der Schau. Er bringt eine ra-

* Anm. d. Übers.: Eine andere Übersetzung würde lauten: »Die Verbundenheit des Bewußtseins mit dem Betrachtungsgegenstand ist Konzentration.«

dikale und völlige Verwandlung des Bewußtseins hervor, das bis jetzt in der Dunkelheit der *avidyā-khyāti* befangen war, hin in das Licht der *viveka-khyāti*. Es ist der Übergang, den der Mensch von der Finsternis des natürlichen Zustandes zu der Erleuchtung des wahren »Kultur«-Zustandes vollzieht. Es ist die Verwandlung von einer aus Nicht-Wissen (*avidyā*) geborenen Weltanschauung, d. h. von einem Nicht-Erkennen dessen, »was ist«, in eine aus Unterscheidung (*viveka*) geborene Schau oder unterscheidende Intelligenz, die das, »was ist«, mit dem existentiellen Leuchten der reinen Objektivität erhellt. Es ist dies eine radikale Verwandlung des natürlichen *homo sapiens* in ein aus Yoga geborenes wahrhaft menschliches Wesen.

Sehen wir nun, was geschieht, wenn man die aus *avidyā-khyāti* entstandene Weltanschauung ablegt und sich der von *viveka-khyāti* erleuchteten Weltanschauung zuwendet.

Das erste, was geschieht, wie es Sūtra 26 des II. Teiles darlegt, ist, daß das Denken, das sich zuerst auf chaotische Weise in verschiedene Richtungen bewegte, nun aufhört, sich in irgendeine Richtung zu bewegen. Es sieht, daß, solange es ein Gefangener von *avidyā-khyāti* war, sich alles in Unordnung befand. Diese Unordnung ist eine Bedrohung des menschlichen Überlebens. Wenn man das Wesen und die Struktur der Unordnung durchschaut, in der man gefangen war und in deren Begrenzungen man sich angestrengt bemühte, durch die vorstellende und wählende Tendenz des Denkens Ordnung zu schaffen, dann beginnt eine neue Schau einer wahren, existentiellen Ordnung sich zu entfalten. Man erkennt, wie die Vorstellung und das begriffliche Denken eine falsche Weltanschauung hervorbringen, und es wird einem daher bewußt, daß jede Vorstellung aufhören muß, damit das Existentielle gesehen und verstanden werden kann. Diese Einsicht offenbart die Motivationskräfte, die Unordnung im menschlichen Leben hervorbringen. Diese Faktoren entstehen aus Gier (*lobha*), Zorn (*krodha*) und Gefühllosigkeit (*moha*), die alle ihre Wurzel in der Egozentrizität haben. Das trifft auf allen Ebenen der blind angenommenen herkömmlichen und zeitbedingten Lebensweise zu. Aus diesem Grund neigt man zu Gewaltsamkeit, Falschheit, Stehlen, zum Sich-Gehenlassen ohne jede Rücksichtnahme auf Gelerntes, zur Anhäufung von Besitz, sei es materieller oder geistiger, der eine solche Lebensweise unterstützt. Man lebt weiter auf diese egozentrische Weise, solange es geht. Diese Lebensweise dauert an, bis man einmal mit einer Situation konfrontiert ist, in der offenbar wird, daß alles, was auch immer man denken, fühlen oder tun mag, notwendig in endlosem Leid und grenzenlosem Nichtwissen enden muß. Man befindet sich nun von Angesicht zu Angesicht mit einer totalen Unordnung, die das eigene Überleben bedroht. Diese Wahrnehmung läßt einen erkennen, daß alles, was man zum Überleben benötigt, das Bewußtsein der Not ist, unter Ausschluß jeder Besitzgier. Der Notwendigkeit des Überlebens sind natürliche Grenzen gesetzt: Nahrung, Kleidung, Obdach und Sex – alle haben ihre natürlichen Begrenzungen. Nur wenn man die von der Natur gesetzte Grenze überschreitet und so aus den natürlichen Bedürfnissen monströse Gier wird, beginnt das Unheil und bringt eine ständig wachsende Unordnung hervor. Diese immer weitere Kreise ziehende Unordnung entwickelt sich zu einer steigenden Bedrohung des Lebens (II 34).

Viveka, die unterscheidende Intelligenz, enthüllt so das Wesen und die Struktur der aus dem Nichtwissen geborenen Lebensweise. Man sieht nun mit leuchtender Klarheit, daß es keine Ordnung und daher kein Überleben für den Menschen geben kann, wenn er nicht einsieht, wie dringend notwendig eine Lebensweise ist, die der Gewalt, der Falschheit, dem Stehlen, der Zügellosigkeit und der Besitzgier nicht den geringsten Raum läßt. Diese fünf existentiellen Imperative werden Yamas genannt. Sie bedeuten und implizieren, daß man es sich nicht erlauben kann, direkt oder indirekt gewaltsam zu sein und trotzdem zu hoffen, die Wirklichkeit der existentiellen Situation zu sehen. Dasselbe trifft für die anderen vier Yamas zu. Man kann nicht weiter sich selbst gegenüber unaufrichtig sein, man kann nicht weiter stehlen, man kann nicht die Bedeutung des Lernens, das Enthaltsamkeit erfordert, unterschätzen, und man kann nicht weiter materielle Güter und geistige Vorteile ansammeln, zum Schaden der eigenen Identität und auf Kosten der Mitmenschen, und trotzdem hoffen, die Wirklichkeit der menschlichen Situation zu erkennen. Daher sind Gewaltlosigkeit, Wahrhaftigkeit, Nicht-Stehlen, Enthaltsamkeit des Lernens und Nicht-Besitzergreifen existentielle Imperative, deren Befolgung als ein unumgängliches Gelübde betrachtet werden muß, ungeachtet der Bedingungen der Geburt, der Zeit, in der man lebt, und der Umstände, in denen man sich befindet. Die Begrenzungen von Geburt, Zeit oder Umständen dürfen nie einen der fünf existentiellen Imperative oder Yamas kompromittieren (II 31). Dies ist dann möglich, wenn der Mensch die absolute Bedeutung dieser Yamas als notwendige Voraussetzungen für das rechte Verstehen der existentiellen Situation, in der er sich befindet, klar erkennt. Sie sind keine Ideen oder Ideale, denen man mit halbem Herzen folgen kann. Sie sind vielmehr harte, grundlegende Tatsachen, die erkannt und verstanden werden müssen. Aufgrund dieser messerscharfen Genauigkeit des Verstehens werden diese Yamas von selbst zu integrierenden Bestandteilen des eigenen Seins und Lebens.

Dann wird keine egozentrische Anstrengung mehr notwendig sein, um sie ständig in Erinnerung zu behalten. Sie werden so natürlich und mühelos sein wie das Atmen, für das wir keine egozentrische Anstrengung oder Übung benötigen. Die bloße Wahrnehmung des sich selbst ewig fortsetzenden Schreckens, den die den Yamas entgegengesetzten Eigenschaften ins menschliche Leben bringen, wie es in Sūtra 34 heißt, macht einen von selbst wachsam und aufmerksam, um nicht dahinein verstrickt zu werden. Und wenn trotz größter Wachsamkeit irgendeine dieser gegenteiligen Eigenschaften in den Geist eindringt, so wird die Weise, sie zu bekämpfen, in Sūtra 33 beschrieben. Es ist dies ein Weg der Meditation, der selbst-erleuchtend ist und alle Schatten eines verwirrten Denkens vertreibt, das aus vergangenheitsbedingten *vṛttis* des konditionierten Bewußtseins entstanden ist.

Sūtra 32 zählt die fünf Niyamas auf, die zusammen mit den Yamas einen integralen Aspekt des achtfachen Yogaweges ausmachen. Von diesen fünf wurden drei, *tapas*, *svādhyāya* und *īśvara-praṇidhāna*, schon im Kommentar zu dem 1. Sūtra des II. Teiles erklärt. Sie bilden gemeinsam den sogenannten *kriyā-yoga* oder

Yoga der Tat im täglichen Leben. Die übrigen zwei verlangen eine Erklärung.

Śauca bedeutet die Reinigung des psychosomatischen Organismus. Der Yogaweg verlangt Reinigung in derselben Weise, wie die Gewinnung von reinem Gold die Reinigung der das Gold enthaltenden Schmutzklumpen erfordert. Der Körper und die psychische Substanz sind die Ergebnisse der natürlichen, gesellschaftlichen und historischen Entwicklung aus der Vergangenheit. Das Gold der reinen Erkenntnis, das durch die von *avidyā* hervorgerufene Berührung mit ihnen vermischt wird, muß von dem angesammelten Unrat der Vergangenheit gereinigt werden. Der Vorgang dieser Trennung geschieht nicht auf der physischen, sondern auf der psychologischen und wahrnehmenden Ebene. Es ist ein Vorgang von *kriyā-yoga*, *pratiprasava* und *viveka-khyāti*, wie sie im II. Teil dargelegt wurden. Im Grunde ist es ein Vorgang der Unterscheidung zwischen dem »Sehenden« und dem »Gesehenen« durch die urteilende Intelligenz. Wenn diese Unterscheidung einmal zum inneren Bestandteil des eigenen Seins und des täglichen Lebens geworden ist, wird die Disziplin des Yoga zu einer sich selbst korrigierenden und sich aus sich selbst entfaltenden Bewegung in Harmonie mit der unsichtbaren Bewegung der Existenz als ganzer.

Śauca oder Selbstreinigung wird so zu einem Wesensbestandteil des achtfachen Yogaweges, *aṣṭāṅga-yoga*. Diese Reinigung ist eine natürliche Folge des »reinen Schauens«, das von dem Sehen durch die gefärbten Brillen der vergangenen Erfahrungen befreit werden muß. Diese Loslösung und Befreiung ist der Kern der Reinigung. Sie schafft einen Sinn für die Heiligkeit aller Formen des Lebens, den eigenen psychosomatischen Organismus inbegriffen. Und da die durch Nichtwissen (*avidyā*) hervorgebrachte Verbindung (*saṃyoga*) sich auf dem Grund aller Arten von Unreinheit und Verderbnis befindet, auf allen Ebenen des Seins und Lebens, ist die Loslösung aus dieser Verbindung, einschließlich der Verbindung mit dem eigenen Körperbewußtsein, eine notwendige Voraussetzung für die Reinigung. Die Vergewaltigung und der Mißbrauch des eigenen Körpers und der Seele für egozentrische

Zwecke muß daher aufhören, um die Reinigung zu ermöglichen.

Saṃtoṣa oder innere Ruhe und Zufriedenheit ist auch eine Voraussetzung für Yoga, die zu Niyama gehört. Wenn einmal der von der Vergangenheit angetriebene Schwung der egozentrischen Zwecke und Wünsche sich verlangsamt, entsteht von selbst eine innere Ruhe. Begierden, Wünsche, Gier und der unstillbare Hunger oder Durst (*tṛṣṇa*) nach immer mehr von allem, was man für wünschenswert hält, verlieren ihren Antrieb, und die Psyche findet zu einer natürlichen Ruhe in stiller Zufriedenheit. Danach ist nichts mehr von Bedeutung, mit Ausnahme dessen, was das reine Schauen und das rechte Verstehen der existentiellen Situation fördert.

Es ist notwendig, die Unterscheidung zwischen Yamas und Niyamas deutlich zu machen. Die ersteren sind existentielle Imperative, während die zweiten vom Menschen gemachte Entscheidungen und Handlungen sind, die aus der Wahrnehmung des für die Yoga-Disziplin Notwendigen erwachsen.

Sūtren 35–45 erklären, was von selbst geschieht, wenn man in Yama und Niyama, den beiden grundlegenden Voraussetzungen auf dem achtfachen Weg, feststeht. Sie schaffen die notwendigen Bedingungen auf den Ebenen des Denkens und Fühlens für die Entfaltung der anderen Blütenblätter der achtblättrigen Blüte des Yoga.

Āsana, die Sitzhaltung, ist das dritte Blütenblatt, der dritte Aspekt des *aṣṭāṅga-yoga*. Wenn man in Yama und Niyama befestigt ist, sieht man seinen eigenen Körper wie mit einem neuen Staunen, als wäre er ein Geheimnis. Unzählige subtile und grobe Vorgänge spielen sich ständig im Körper ab. Wie und warum sie sich abspielen, bleibt ein ewiges Geheimnis. Die Erklärungen von Biologen, Physiologen, Psychologen und Wissenschaftlern, die sich mit den physikalisch-chemischen Bestandteilen des tierischen und menschlichen Organismus beschäftigen, mögen etwas Licht auf einige seiner Aktivitäten werfen und angebliche Lösungen für einige Probleme bieten, die der Mensch durch die Vergewaltigung und den Mißbrauch seines wunderbaren Organismus hervorgerufen hat. Aber alle diese Erklärungen und sogenannten Lösungen müssen notwendigerweise Ergebnisse einer fragmentarischen Auffassung der existentiellen Situation bleiben. Insofern schaden sie mehr, als sie nützen. Darüber hinaus schaffen sie falsche Hoffnungen für die Zukunft.

Yoga läßt alle solchen fragmentarischen Auffassungen der existentiellen Situation hinter sich. Sie gehören alle zu dem Bereich einer aus *avidyā-khyāti* geborenen Weltanschauung. Yoga wendet sich daher zuerst und vor allem gegen *avidyā-khyāti* und überwindet sie durch *viveka-khyāti*. Diese grundlegende und ganzheitliche Auffassung führt zum Entstehen des achtfachen Yoga-Pfades. Wenn man mit den Augen dieser ganzheitlichen Schau seinen eigenen Körper betrachtet und wenn der Körper die richtige Haltung einnimmt, entdeckt man, daß eine echte existentielle Beziehung zur Welt, in der man lebt, zustande kommt. Nun blickt man mit dem klaren Verständnis von Yama und Niyama auf seinen eigenen Körper und seine groben und subtilen Regungen. Dieser bloße Blick befähigt einen, nach einigen Versuchen und Fehlschlägen eine Haltung zu entdecken, die eine ungeheure Bedeutung besitzt. Man erkennt die Notwendigkeit, alle Anstrengungen völlig aufzugeben, zu einer vollkommenen Gelassenheit zu kommen (II 47), und der Körper findet so seine eigene, natürliche Ruhehaltung. Man sieht ein, daß alle Anstrengung egozentrisch ist und daher unendlich viel Schaden anrichten kann. Wenn man die Anstrengung aufgibt und sich losläßt, entdeckt man eine Haltung, in der man mit steter Ruhe ausharren kann, ohne von Zeit oder Ungeduld belästigt zu werden. In dieser yogischen Haltung (*āsana*) befindet man sich in einem Geisteszustand, der in Harmonie mit dem unendlichen Ruhezustand ist (II 47). Es ist wie eine kosmische Ruhehaltung, in der die Beharrlichkeit (*sthiti*), ein Wesensbestandteil der dreifachen Energien der Natur, sich ihrer selbst bewußt wird. Die statische Beharrlichkeit wird sozusagen vom »reinen Schauen« erleuchtet. Die kosmische Trägheit und die körperliche Beharrlichkeit koexistieren auf derselben Wellenlänge. Der Körper ist in Harmonie mit der umgebenden Welt auf der Ebene der Ruhe – eine Harmonie, die von der Kraft des »reinen Schauens« erfüllt ist.

Wenn man sich in einer solchen yogischen Haltung befindet, entdeckt man, daß Unterschiede in Temperatur wie Hitze und Kälte, innerlich und äußerlich und andere Gegensatzpaare den Körper unberührt lassen (II 48). Dies ist ein Experiment und eine Erfahrung des Yogaweges.

Man muß hier anmerken, daß die sogenannten *yoga-āsanas* oder verschiedensten Körperhaltungen, die von sogenannten Yogis populär gemacht werden, in den Yoga-Sūtren keinen Platz finden. Sie stellen eine Abweichung vom Yogaweg dar, wie er von Patañjali in den Yoga-Sūtren gelehrt wird. Diese verschiedenen Arten von *āsanas* mögen therapeutischen Wert für gewisse Gebrechen haben, aber sie haben keine Bedeutung für Yoga, wie er in diesen Sūtren dargestellt wird.

Sūtren 49–53 handeln von *prāṇāyāma*, dem vierten wesentlichen Aspekt des *aṣṭaṅga-yoga*.

Wenn man in *āsana* befestigt ist, beobachtet man von selbst, daß ebenso wie der ruhige Zustand des Körpers das Wesen des Beharrungsprinzips (*sthiti*) der dreifachen Energie der Natur offenbart, der Rhythmus des Atmens, der natürlicherweise immer im Körper vor sich geht, das Wesen des aktiven Prinzips (*kriyā*) jener dreifachen Energien enthüllt. Dies ist Aktivität im existentiellen Sinn, im Gegensatz zu den Aktivitäten, die durch die vorstellenden Bewegungen des Denkens und Fühlens ausgelöst werden. Im Grunde sind diese letzteren keine Aktionen im eigentlichen Sinn, sondern Reaktionen auf die existentielle Situation. Eine Aktion im existentiellen Sinn oder im Sinn des Yoga ist eine Handlung, die der reinen Wahrnehmung dessen, »was ist«, entspringt. Jeder zeitliche Abstand zwischen einer solchen Wahrnehmung und der Handlung ist das Ergebnis des Nichtwissens (*avidyā*) und der daraus entstandenen Aktivitäten.

Prāṇāyāma ist die Entdeckung einer Unterbrechung oder Pause (*viccheda*) in der Kontinuität des Ein- und Ausatmens. Ebenso wie *vṛtti-nirodha* eine Unterbrechung in der Kontinuität der Vorstellung ist, ist *prāṇāyāma* eine Unterbrechung in der Kontinuität des Atmens. Und ebenso wie das intensive Interesse an der Leere, frei von *vṛttis*, Übung ist (*abhyāsa*, I 13), so ist das intensive Interesse an der Pause in der Kontinuität der Atembewegung *prāṇāyāma* (II 49). Dieses intensive Interesse enthüllt vier Arten von *prāṇāyāma*: 1. die Pause am Ende des Ausatmens; 2. die Pause am Ende des Einatmens; 3. die Dauer und Länge des Ausatmens, die die Dauer und Feinheit der Leere während der Pausen enthüllt; und 4. die Leere während der Pause, in der man jegliches Interesse an Maßen und gemessenen Dingen verliert (II 50–51).

Sūtren 52 und 53 beschreiben, was als Ergebnis des *prāṇāyāma* geschieht. Zwei Dinge geschehen: 1. Die Erkenntnis des existentiellen Wesens von *kriyā*, d. h. des aktiven Prinzips der dreifachen Energien der Natur, führt zur Beseitigung der Hüllen, die den Geist bedecken und die durch zeitliche Bedingtheit entstanden sind. Als Folge davon taucht 2. eine Eigenschaft des Geistes auf, die für die Konzentration (*dhāraṇā*) notwendig ist, wie sie im ersten Sūtra des III. Teiles erklärt wird.

Es ist wichtig, hier festzuhalten, daß der achtfache Yoga eine reine Wahrnehmung des existentiellen Wesens von Beharrung (*sthiti*), Aktivität (*kriyā*) und Erleuchtung (*prakāśa*) ermöglicht, den drei Energien, die der ganzen beobachtbaren Welt der Natur zugrunde liegen (II 18). Die Wechselwirkung dieser dreifachen Energie der Natur bringt die Erscheinung der objektiven Welt hervor. Dies wahrzunehmen und zu erkennen, bedeutet, sich dessen, »was ist«, oder der existentiellen Situation bewußt zu sein.

Sūtren 54 und 55 handeln von dem fünften Aspekt des achtgliedrigen Yoga (II 29), nämlich *pratyāhāra*. *Pratyāhāra* ist ein Bewußtseinszustand und ein Zustand des gesamten psychosomatischen Organismus, in dem die natürliche, von der Vergangenheit angetriebene Neigung der Sinnesorgane, sich auf die ihnen eigenen Gegenstände hin zu bewegen, zum Stillstand kommt und die Sinne sozusagen im Geist zur Ruhe gelangen. Diese Ruhe ist eigentlich das existentielle Wesen des Geistes (II 54). Sūtra 55 besagt: Wenn dies geschehen ist, erlangt man von selbst eine Beherrschung der Sinne. Diese Beherrschung entsteht, weil man sieht, wie und warum die Sinne sich immer wieder auf ihre eigenen Objekte zubewegen. Sie tun dies, um dem »Sehenden« Erfahrungen (*bhoga*) der objektiven Welt zu vermitteln; und wenn man den Sinn und den Zweck von *bhoga* voll erkannt hat, entfernt man sich von dem Hunger oder Durst nach immer neuen Erfahrungen und wendet sein Interesse auf die Befreiung (*apavarga*, II 18).

Sūtra 1 dieses III. Teiles beschreibt den sechsten Aspekt des achtfachen Yoga, der *dhāraṇā* genannt wird. *Prāṇāyāma* und *pratyāhāra* zusammen schaffen die Bedingungen, die für diesen außergewöhnlichen Zustand, genannt *dhāraṇā*, notwendig sind. Es ist dies ein Zustand, in dem *sthiti* und *kriyā*, Beharrung und Aktivität, als Konstituenten der dreifachen Energien der objektiven Welt, einschließlich des eigenen psychosomatischen Organismus, sich so verlangsamen, daß fast alle zeitlichen Hüllen, die den Geist verdecken, entfernt werden und die dritte Konstituente, nämlich *prakāśa* oder Erleuchtung, nun die ganze Szene bestimmt. Im Glanz dieser Erleuchtung wird der Geist von allen Objekten entleert und hält sich in den Grenzen des inneren Raumes. Der Mensch sieht die Objekte nur, wenn seine Sinne tätig sind. Aber wenn sie aufhören, sich zu betätigen, und ihre Neigung, sich auf die ihnen eigenen Gegenstände hinzubewegen, zum Stillstand kommt als Ergebnis der »Zurückhaltung der Sinne« (*pratyāhāra*), wird die objektive Welt wie von allen Sinnesgegenständen entblößt. Und selbst wenn die Gegenstände wahrgenommen werden, nehmen sie den Geist nicht mehr in Anspruch, der nun völlig damit beschäftigt ist, die der objektiven Welt zugrunde liegende Wirklichkeit zu entdecken. Nun besteht eine innere und äußere Leere. Der Geist hält sich in diesem weiten Raum (*deśa*) auf, als wäre er dazu geschaffen worden, um diese einzige Erfahrung der Leere zu erleben, einer Leere, die nicht nur frei von *vṛttis* ist, sondern auch frei von Gegenständen (*dṛśya*), mit denen diese sich immer wieder identifizieren. Diese Leere ist erfüllt von ungeheurer Bedeutung. Sie ist wie der eigentliche Schoß der Wirklichkeit.

Das Eingestimmtsein in diese einzige Erfahrung der reinen Leere des Raumes wird *dhyāna*, Meditation, genannt (III 2). Wenn alle anderen Erfahrungen in die eine Erfahrung der völligen Leere eingehen, kommt die Zeit zum Stillstand. Die zeitliche Bewegung kommt durch eine Aufeinanderfolge von Erfahrungen zustande, die nacheinander entstehen. Wenn diese zeitliche Folge sich in eine einzige Erfahrung des leeren Raumes auflöst, muß die Zeit notwendig stehenbleiben. Dieser außergewöhnliche Zustand reinen Erfahrens ohne besondere Erfahrungen wird *dhyāna* oder Meditation genannt.

Wenn man nun in der Meditation feststeht, in einer reinen Erfahrung ohne den, der erfährt, und ohne irgendein besonderes Kennzeichen oder Attribut, wird die äußere Welt sozusagen in die Luft gesprengt und es bleibt die leuchtende Objektivität in ihrer existentiellen Wahrheit. Dies ist *samādhi* (III 3).

Ein Mensch, der diesen wunderbaren Vorgang des achtfachen Yogaweges durchläuft, wird ein wahrhaft menschliches Wesen und sieht die Welt, wie sie ist, in ihrer existentiellen Reinheit. Er gründet sich in seiner wesenhaften Identität, in der reines Sehen und wahres Tun sich verbinden. Eine solche sehende Tat ist eine neue Schöpfung. Sie ist fähig, die dunklen Mächte der Natur radikal zu verwandeln und zu selbstleuchtenden Kräften der Schöpfung in völliger Freiheit zu machen.

B Von der Versenkung zur »Sammlung« (saṃyama)

(Sūtren 4–13)

4 *trayam ekatra saṃyamaḥ.*
Diese drei (*dhāraṇā, dhyāna, samādhi*) werden zusammen als »Sammlung« (*saṃyama*) bezeichnet.

5 *taj-jayāt prajñā-ālokaḥ.*
Deren Meisterung führt zur Weisheitsschau.

6 *tasya bhūmiṣu viniyogaḥ.*
Sie wird auf die verschiedenen Bereiche (der Meditation) angewendet.

7 *trayam antar-aṅgaṃ pūrvebhyaḥ.*
Diese drei (*dhāraṇā, dhyāna, samādhi*) sind der innere Kern der früheren Aspekte des Yoga (d. h. *yama, niyama, āsana, prāṇāyāma* und *pratyāhāra*).

8 *tad api bahir-aṅgaṃ nirbījasya.*
Selbst diese drei sind nur die äußeren Aspekte der »keimlosen Versenkung« (*nirbīja*).

KOMMENTAR

Diese Sūtren beschreiben, was geschieht, wenn man den achtfachen Yogaweg beschritten und sich zu eigen gemacht hat. Ein solcher Mensch, der nun ein Yogi geworden ist, entdeckt, daß das Leben oder die Welt zwei Seiten hat: eine äußere und eine innere. Und obwohl der achtfache Yogaweg eine Ganzheit ist, so daß keiner seiner acht Aspekte von den anderen sieben getrennt werden kann, enthält auch er eine äußere und eine innere Seite. Die ersten fünf Aspekte stellen die äußere Seite dar, und die letzten drei machen den inneren Kern dieser Außenseite aus. Es ist wie eine Knospe, die sich zu einer achtblättrigen Blüte entfaltet, wobei fünf Blütenblätter das Äußere und die anderen drei das Innere bilden. Und weiter entdeckt der Yogi, daß selbst diese Dreiheit von *dhāraṇā*, *dhyāna* und *samādhi* nur das Äußere des innersten Herzens darstellt, das die »keimlose Versenkung« (*nirbīja samādhi*) ist, ein »zustandsloser Zustand«.

Der Yogi ist ein Mensch, der eine radikale Verwandlung durchgemacht hat, die ihn befähigt, Dinge zu sehen und zu entdecken, die ein Nicht-Yogi nie sehen kann. Auch ein Nicht-Yogi hat Augen, um zu sehen, aber sein Sehen ist verdeckt und bedingt durch die *avidyā-khyāti*. Der Yogi aber ist dem dunklen Gefängnis der *avidyā-khyāti* entkommen und hat durch diese revolutionäre Tat das lichte Reich der *viveka-khyāti* gewonnen. Seine Schau ist nun frei von aller Bedingtheit, und seine Sicht der Welt ist erleuchtet durch das Licht der Weisheit.

Von nun an findet man sich einer anderen Welt gegenüber, einer Welt der Wirklichkeit einer ganz neuen Dimension, die verschieden ist von der Welt, in der die Menschen geboren werden und heranwachsen. Von Geburt an erfährt der Mensch über die Welt, in der er sich befindet. Seine Ohren und sein Gehirn werden angefüllt durch verbale Beschreibungen der Welt, die er annehmen muß, damit aus ihm ein fügsames Glied der konformistischen Gesellschaft wird. Wenn jemand sich diesem Druck widersetzt und die Anpassung verweigert, wird er als abnormal, als Außenseiter oder als ein Geistesgestörter, als ein Fall von Psychose betrachtet – ein Un-Mensch oder einer, der kein Glied der menschlichen Gesellschaft sein kann.

Der Mensch lebt so in einer Welt der Worte, und er ist geneigt, die verbale Beschreibung mit der Wirklichkeit gleichzusetzen. Er macht Bekanntschaft mit der Welt auf dem Umweg der Sprache. Die Sprache bemächtigt sich des Platzes der Wirklichkeit, der objektiven Welt. Und er wird so vertraut mit dieser vom Verstand hergestellten Welt, daß er alles, was jenseits von ihr oder außerhalb ihrer geschlossenen Grenzen liegt, für unwirklich oder täuschend hält. Es ist wie mit einem Fremden, den man jemandem vorstellt, indem man seinen Namen nennt, den Namen der Familie, seine Kaste, seine Gesellschaftsschicht, den Ort, das Land, seine Religionszugehörigkeit, so daß dieser Fremde dann durch seine persönliche, mit Worten beschriebene Geschichte eine bekannte Person wird. Ob es sich um einen leblosen Gegenstand handelt wie einen Fluß oder einen Berg, um ein Lebewesen wie einen Hund, eine Katze, einen Fisch im Wasser oder einen geflügelten Vogel, oder um ein menschliches Wesen – bei allen ist es ein Name, ein Wort, eine verbale Beschreibung, die das Wesen und die Struktur des menschlichen Wissens kennzeichnet. Und die Entwicklung des Wissens wird zur Entwicklung einer reinen Rhetorik, sei sie reaktionär, reformiert oder revolutionär. Wenn der Mensch so in die Falle gegangen ist, vergißt er, daß das Wort nicht die Sache ist, daß die Beschreibung nicht das Beschriebene ist. Und darin liegt das ganze Unglück, das der Mensch ererbt hat.

Yoga zerstört die Welt, die bloß aus einer Beschreibung besteht. Er entwurzelt den Menschen aus seinem animalischen und gesellschaftlichen Erbe und konfrontiert ihn unmittelbar mit der Wirklichkeit, die in ihm atmet, einer Wirklichkeit, die ihn vital und existentiell mit der Welt verbindet, deren er durch seine Sinne gewahr wird. Dabei verwendet der Yoga nicht die Vermittlung der Worte und Erfahrungen, die von verbalem Wissen bestimmt und daher substanzlos und wirklichkeitsleer sind.

Deshalb wird jemand, der immer noch der Welt der Worte und der bloßen Beschreibung verhaftet ist, den Inhalt dieses und der folgenden Sūtren für phantastisch und unwirklich ansehen. Es gibt keine Möglichkeit, einen dem Wort verfallenen Menschen von der Wirklichkeit der Welt zu überzeugen, wenn es ihm nicht gegeben ist zu erkennen, daß das Wort nicht die Sache ist und daß es ihn mit der Welt der Wirklichkeit nicht verbinden kann.

Aber einer, der das Nicht-Wählen ergriffen hat und daher das Nicht-Tun, löst die gewohnte Welt auf. Er findet dann, daß die Welt der Worte und des Tuns vor seinen Augen zusammenbricht und eine neue Welt, erfüllt von leuchtender Wirklichkeit, aus der Finsternis aufzutauchen beginnt.

Es ist wahr, daß die Sūtren, wenn sie diese neue Welt der Wirklichkeit darlegen, sich auch der Worte bedienen. Aber diese Worte sind wie der Finger, der auf einen schwach leuchtenden Stern zeigt, um die richtige Richtung anzugeben, damit der andere ihn mit eigenen Augen sehen und sich von seiner Existenz überzeugen kann. So wie der Finger, der die Richtung anzeigt, nicht der Stern ist, so sind auch die Worte der Sūtren, die die Welt der Wirklichkeit darstellen, nicht die Wirklichkeit selbst. Sie sind nur Wegweiser. Worauf es hier ankommt, sind nicht die Worte, sondern das Sehen in die Richtung, die diese Worte andeuten.

Sūtren 5 und 6 sprechen davon, wie der Yogi sich zu der objektiven Welt verhält, und zwar mittels einer Schau, die mit dem Licht der Weisheit erfüllt ist. Diese Weisheit taucht aus den Tiefen des eigenen Seins auf, wenn man die Welt durch die Augen von *saṃyama* sieht (III 4). Das Entstehen dieser neuen Augen enthüllt dem Yogi, daß sein Körper, ein psychosomatischer Organismus, eine Wesenheit ist, die äußerlich wie von *yama, niyama, āsana, prāṇāyāma* und *pratyāhāra* geleitet funktioniert, und daß diese fünf äußeren Aspekte seines Seins und Lebens von innen erleuchtet und belebt werden durch die Dreiheit von *dhāraṇā, dhyāna* und *samādhi*. Er sieht die Welt durch die Augen dieser Dreiheit, die *saṃyama* genannt wird. Der achtgliedrige Yoga verwandelt den gesamten psychosomatischen Organismus des Yogi, der nun als ein einheitliches Ganzes wirkt und nicht mehr auf fragmentarische Weise wie zuvor. Die Dreiheit von *dhāraṇā, dhyāna* und *samādhi*, d. h. *saṃyama*, leuchtet durch seine Augen, und sein Organismus handelt in Übereinstimmung mit der neuen Schau, einer neuen Weltsicht, die aus dem Licht der Weisheit entstanden ist (*prajñāloka*, III 5).

Was der Yogi nun sieht und entdeckt, wird in den folgenden Sūtren beschrieben.

Sūtren 9–13

9 *vyutthāna-nirodha-saṃskārayor abhibhava-prādur-bhāvau nirodha-kṣaṇa-citta-anvayo nirodha-pariṇāmaḥ.*
Wenn die unterbewußten Eindrücke des erregten Wachzustandes und des Ruhezustandes abwechselnd auftreten und das Bewußtsein sich jeden Augenblick mit dem Ruhezustand verbindet, geschieht eine Verwandlung, die die »Verwandlung in den Ruhezustand« (*nirodha-pariṇāma*) genannt wird.

10 *tasya praśānta-vāhitā saṃskārāt.*
Das Dahinströmen des Bewußtseins ist friedvoll durch die Eindrücke des Ruhezustandes.

11 *sarvārthatā-ekāgratayoḥ kṣaya-udayau cittasya samādhi-pariṇāmaḥ.*
Das Aufhören der Zerstreuung des Geistes durch alle Arten von Gegenständen und das Erwachen einer einzigen Konzentration ist die »Verwandlung der Versenkung« (*samādhi-pariṇāma*).

12 *tataḥ punaḥ śānta-uditau tulyapratyayau cittasya ekāgratā-pariṇāmaḥ.*
Dabei führt der Ausgleich zwischen dem friedvollen Zustand und dem Erwachen der Konzentration wieder zu einer Verwandlung des Bewußtseins in Konzentration (*ekāgratā-pariṇāma*).

13 *etena bhūta-indriyeṣu dharma-lakṣaṇa-avasthā pariṇāmā vyākhyātāḥ.*
Damit sind die drei Verwandlungen in Körper und Sinnesorganen, nämlich der Beschaffenheit (*dharma*), des Merkmales (*lakṣaṇa*) und des Zustandes (*avasthā*), erklärt.

KOMMENTAR

Wie schon gezeigt wurde, legen diese Sūtren die Verwandlungen dar, die sich aus der Anwendung von *saṃyama* auf die innere und äußere Welt ergeben (III 4–6). Zunächst entdeckt der Yogi, daß die ersten fünf Aspekte des *aṣṭāṅga-yoga* das Äußere seines Daseins und Lebens ausmachen und daß die letzten drei Aspekte das Innere bilden. Ferner erkennt er, daß auch diese drei nur die äußere Seite der »keimlosen Versenkung« darstellen, einen »zustandslosen Zustand«, den er in seinem innersten Wesen trägt.

Wenn er so das existentielle Wesen und die Struktur seines Seins entdeckt hat, blickt der Yogi auf die ihn umgebende Welt und sieht, wie sich, wenn er irgend etwas mit dem Blick des *saṃyama* ansieht (III 4), drei Verwandlungen darin nacheinander vollziehen.

Sūtra 9 beschreibt die erste Verwandlung. Die Bedeutung dieser Verwandlung wird klar, wenn man sich vergegenwärtigt, daß im Zustand der Versenkung (III 3) die eigene Identität (*svarūpa*) ohne jedes Attribut ist – wie eine Null (*śūnya*) ohne jeden quantitativen Wert. Da nun der quantitative Aspekt der Weltanschauung ausgeschaltet ist, tut sich vor den neuen, aus *saṃyama* geborenen Augen die Wechselbeziehung der drei Eigenschaften oder Kräfte (*guṇas*) auf, die die ganze objektive Welt ausmachen, alle belebten und unbelebten Gegenstände einschließlich des menschlichen Organismus. Von nun an offenbart sich die Wechselwirkung oder das Kräftespiel der drei Energien in allem, was in den Blickbereich kommt. Man sieht, daß jedes Objekt in der aktiven Gegenwart ein Ergebnis der Vergangenheit ist und daß es sich jeden Augenblick wandelt. Das Ansehen der Gegenstände oder der objektiven Welt ruft eine rege Aktivität (*vyutthāna*) im Geist hervor. Man sieht, daß der Geist selbst ein Erzeugnis der Vergangenheit ist, sofern er aus den Eindrücken vergangener Erfahrungen besteht. Diese unterbewußten Eindrücke (*saṃskāra*) sind von zweierlei Art: die Eindrücke der Aktivität, aus denen sich die *vṛttis* bilden, und die Eindrücke der Inaktivität oder Ruhe (*nirodha*). Wenn der Yogi nun irgend etwas ansieht, bemerkt er, daß sich sein Geist zwischen zwei Polen hin- und herbewegt: zwischen dem Pol der Aktivität und dem Pol der Inaktivität oder Ruhe. Wenn er dieses Schwanken bemerkt, neigt er von selbst dem Pol der Unbeweglichkeit oder *nirodha* zu. Und wenn er dies öfter wiederholt, schafft die Kraft dieses wiederholten Aktes einen ruhigen Strom des Geistes, der die eigentliche Aufhebung der erregten Aktivität (*vyutthāna*) bedeutet (III 10). Dies ist die erste Verwandlung, genannt *nirodha-pariṇāma*.

Sūtra 11 beschreibt die zweite Verwandlung. Der Yogi existiert nun in dem ruhigen Strömen des Bewußtseins, das aus der ersten Verwandlung (*nirodha-pariṇāma*) entstanden ist. Wenn er so lebt und die Welt betrachtet, bemerkt er, daß sich eine weitere Verwandlung vollzieht. Die erste Verwandlung hatte die Neigung des Geistes, aufgrund von *vṛtti-sārūpya* immer nach dem einen oder anderen Objekt zu streben, aufgehoben. Während der Aktivität dieser Neigung wurde die objektive Welt in Bruchstücke zerlegt, die sich alle voneinander unterscheiden. Wenn diese Tendenz aufgehoben ist, sammelt sich die gesamte objektive Welt mit all ihren Gegenständen (*sarvārtha*) in einem Punkt, der als Brennpunkt dient, in dem mit einem Blick die Welt mit all ihren verschiedenen Objekten als ein Ganzes, als Totalität gesehen wird. Dieser Brennpunkt entstand als Ergebnis der ersten Verwandlung (III 9–10). Wenn der Yogi jetzt die Welt betrachtet, entdeckt er, daß sein Geist nun zwischen einer anderen Art von Polarität hin- und herschwankt: zwischen dem Pol der verschiedenen Objekte einerseits und dem Pol der Konzentration (*ekāgratā*), einschließlich der Totalität der objektiven Welt, andererseits. Wenn er so dieses Schwanken betrachtet, findet er, daß die ganze objektive Welt (*sarvārtha*) aufhört zu existieren und sich seinem Blick entzieht und daß sein ganzes Blickfeld erfüllt ist von einer alles einschließenden Konzentration (*ekāgratā*). Dies ist die zweite Verwandlung, genannt *samādhi-pariṇāma*.

Sūtra 12 beschreibt die dritte Verwandlung. Wenn der Yogi sich immer wieder der alles einschließenden Konzentration zuwendet, bemerkt er, daß die Erfahrung der Ruhe einerseits und die Erfahrung der daraus erwachenden Handlung andererseits gleichwertig sind. Sie schaffen einen Ausgleich zwischen der inneren Ruhe und der Handlung, die mit der Betrachtung der Welt beginnt. Es ist so, als würde die innere Ökologie des psychosomatischen Organismus mit der Umwelt-Ökologie der äußeren Welt in jeder Handlung des Yogi ein dynamisches Gleichgewicht halten. Die Stabilisierung dieses immer dynamischen ökologischen Gleichgewichts bringt eine dritte und letzte Verwandlung hervor: *ekāgratā-pariṇāma*.

Sūtra 13 stellt fest, daß diese drei Verwandlungen entsprechende Verwandlungen im Körper (*bhūta*) und in den Sinnesorganen (*indriya*) des Yogi hervorbringen. Die erste Verwandlung (III 9) schafft eine entsprechende in der Materie oder Substanz, aus der Körper und Sinnesorgane von Natur aus bestehen. Diese heißt *dharma-pariṇāma*, die Verwandlung der Beschaffenheit. Die zweite Verwandlung (III 11) bewirkt eine entsprechende in den zeitlichen Vorgängen im Körper und in den Sinnesorganen des Yogi. Diese heißt *lakṣaṇa-pariṇāma*, die Verwandlung der Merkmale. Die dritte Verwandlung (III 12) bewirkt eine entsprechende Veränderung in dem Mechanismus der Zeitlichkeit selbst. Zeitlichkeit ist nichts anderes als das Erfassen der endlosen Folge von Vergangenheit – Gegenwart – Zukunft durch einen unruhigen Geist, so daß der Körper und die Sinnesorgane darin gefangen werden. Dies scheint nur so lange eine objektive Wirklichkeit zu sein, als der psycho-mentale Organismus in falscher Identifizierung (*vṛtti-sārūpya*) befangen ist. Wenn der Geist sich *vṛtti-nirodha* zuwendet und die zwei oben erwähnten Verwandlungen durchmacht, geschieht eine dritte Verwandlung in Körper und Sinnesorganen, gemeinsam mit der dritten Verwandlung des Bewußtseins, von der Sūtra 12 spricht. Diese wird *avasthā-pariṇāma* genannt oder die Verwandlung in den Daseinszuständen des Körper-Sinne-Komplexes einerseits und der objektiven Welt andererseits. Wenn der Yogi nach dieser Verwandlung die zeitliche Welt als ganzes betrachtet, unterliegt ihre Zeitlichkeit einer radikalen Veränderung und wird aufgehoben in die Zeitlosigkeit der yogischen Schau. Diese Aufhebung der Zeitlichkeit in die zeitlose Schau des Yogi geschieht erst dann, wenn er das Geheimnis des gesamten Mechanismus der zeitlichen Vorgänge durchschaut hat

– wie sie entstehen und wie sie in die Zeitlosigkeit eingehen.

Es sei hier daran erinnert, daß in der Sicht des Yoga Darśana die Weltanschauung des Menschen ein Erzeugnis des psycho-mentalen und des Körper-Sinne-Komplexes ist, die sich in Erregung (*vyutthāna*) befinden, woraus *vṛtti-sārūpya* entsteht. Wenn diese falsche Identifizierung aufhört und *vṛtti-nirodha* vorherrscht, entschließt sich der Mensch zum achtgliedrigen Yoga. Er ist dann nicht mehr ein Naturwesen, sondern wird zu einem wirklich menschlichen Wesen oder zu einem Yogi. Dieser Yogi beobachtet die drei Verwandlungen des Bewußtseins, wie sie in den Sūtren 9, 11 und 12 erwähnt werden. Er sieht auch, daß jede dieser drei Verwandlungen die entsprechenden Verwandlungen in seinem Körper und seinen Sinnesorganen hervorbringt (III 13). Diese Verwandlungen verändern radikal das alte Weltbild, das von der Zeitlichkeit bestimmt war, und rufen eine zeitlose Sicht der Welt hervor, die von strahlender Weisheit erleuchtet ist (III 5). Wenn sich das Bewußtsein, der Körper und die Sinnesorgane einer radikalen Verwandlung unterzogen haben, entsteht eine neue, zeitlose Sicht der Welt, weil die Weltanschauung des Menschen von den Zuständen seines psychosomatischen Organismus bedingt ist.

Die folgenden Sūtren geben uns eine erstaunliche Beschreibung dessen, was geschieht, wenn die neue, mit leuchtender Weisheit erfüllte Schau des Yogi sich auf die Welt auswirkt durch seine aus *saṃyama* (III 4) geborene Handlung.

C Die Welt der yogischen Wirklichkeit
(Sūtren 14–18)

14 *tatra śānta-udita-avyapadeśya-dharma-anupātī dharmī.*
Der Träger der Eigenschaften (*dharmī*) macht die drei gleichen Wandlungen wie die Eigenschaften durch: die Ruhe (das Vergangene), das Erwachen (die Gegenwart) und das nicht zu Benennende (die Zukunft).

15 *krama-anyatvaṃ pariṇāma-anyatve hetuḥ.*
Die Verschiedenheit der Reihenfolge ist der Grund für die Verschiedenheit der Verwandlung.

16 *pariṇāma-traya-saṃyamād atīta-anāgata-jñānam.*
Wendet man die »Sammlung« auf die drei (erwähnten) Verwandlungen hin, so entsteht ein Wissen von Vergangenem und Zukünftigem.

17 *śabda-artha-pratyayānām itara-itara-adhyāsāt saṃkaras tatpravibhāga-saṃyamāt sarvabhūta-ruta-jñānam.*
Wenn man Wort, Gegenstand und Vorstellung miteinander verwechselt, entsteht eine Verwirrung. Wendet man die »Sammlung« (*saṃyama*) auf die klare Unterscheidung der drei hin, so erlangt man Erkenntnis der Sprache aller Lebewesen.

18 *saṃskāra-sākṣātkaraṇāt pūrva-jāti-jñānam.*
Durch die unmittelbare Erfahrung der unterbewußten Eindrücke erlangt man Wissen von den früheren Existenzen.

KOMMENTAR

Wie wir gesehen haben, handeln Sūtren 9 bis 13 von den drei Verwandlungen des Bewußtseins und des Körper-Sinne-Komplexes. Die Sūtren, die nun vor uns liegen (14–18), zeigen uns die Erkenntnis des Yogi, wenn er *saṃyama* (III 4) auf die verschiedenen inneren und äußeren Dinge richtet. Die »Sammlung« auf die Dinge anzuwenden bedeutet, sie mit den Augen von *dhāraṇā*, *dhyāna* und *samādhi* zu betrachten (III 4).

In Sūtra 14 heißt es, daß der Yogi aufgrund der drei in Sūtren 9 bis 13 erwähnten Verwandlungen sich der Tatsache bewußt wird, daß diese Verwandlungen sich ebenso im Bewußtsein (*citta*) abspielen, was in diesem Sūtra als *dharmī* bezeichnet wird. Der Yogi sieht, daß das Bewußtsein eine Größe ist, die sich mit ihren drei Eigenschaften bewegt und die in ihnen anwest, nämlich die Ruhe, Unbeweglichkeit oder Stille (*śānta*), das Erwachtsein oder Aktivsein (*udita*) und das Undefinierbare (*avyapadeśya*). Selbst ein Nicht-Yogi kann diese drei Eigenschaften (*dharma*) seines Bewußtseins erkennen. Man kann bemerken, daß der Geist entweder reglos und ruhig oder aktiv ist in Gedanken und Vorstellungen, oder aber er ist weder still noch tätig, sondern bleibt in ein Geheimnis gehüllt, das man nicht erkennen und worüber man nichts aussagen kann. Diese letzte Eigenschaft muß sozusagen erst auftreten und eine merkliche und beobachtbare Form annehmen. Dies wird die *anāgata*, d. h. die noch nicht angekommene (aber der Ankunft fähige) Eigenschaft des Bewußtseins, genannt. Sie wird auch von Nicht-Yogis unbestimmt als die *Zukunft* bezeichnet. Die erwachte oder aktive Eigenschaft des Bewußtseins ist die Gegenwart, und die Ruhe, Bewegungslosigkeit oder Untätigkeit des Bewußtseins ist eine Eigenschaft, die gewöhnlich als Vergangenheit bekannt ist.

Alle diese drei Merkmale (*dharma*) koexistieren im Bewußtsein, sie erscheinen nur aufeinanderfolgend und daher zeitlich. Wir nehmen gewöhnlich an, daß die Zeit oder Zeitlichkeit aus der endlosen Folge von Vergangenheit, Gegenwart und Zukunft besteht. Wir erinnern uns an etwas aus unserer Kindheit, das wir als

Vergangenheit beschreiben. Wir sehen uns in der aktiven Gegenwart, die von Augenblick zu Augenblick andauert. Und wir denken, daß unser psychosomatischer Organismus, unser Körper und unsere Sinne alt werden, allmählich ihre Vitalität und Kraft verlieren und schließlich zu unserem Tod oder Nichtsein führen. Dies nennen wir Zukunft, oder in den Worten der Sūtren, *anāgata*, das, was noch kommen wird, was gewiß kommen und uns einholen wird. Dieses auf dem Körper beruhende zeitliche Bewußtsein wird vom Menschen auf die äußere Welt projiziert, die man daher auch ihrem Wesen nach für zeitlich hält. Dieses Verständnis von Zeit oder Zeitlichkeit ist der menschlichen Psyche so tief eingeprägt, daß wir unfähig sind zu erkennen, daß das, was wir Vergangenheit, Gegenwart und Zukunft nennen, nur die angeborenen Eigenschaften des Geistes sind, über dessen Wesen wir im Grunde nichts wissen. Wir projizieren diese auf dem Körper beruhende und aus dem Geist geborene Zeitlichkeit auf die Welt. Wir nehmen stillschweigend an, daß alles von dieser Zeitlichkeit beherrscht ist, und wir halten sie daher für eine objektive Wirklichkeit, die unveränderlich ist, ein existentieller Imperativ und die eigentliche Bedingung unseres Daseins.

Der Yogi blickt durch diese eingebildete Zeitlichkeit hindurch und über sie hinaus. Er ist dazu fähig, weil er die Yoga-Disziplin angenommen und die erwähnten drei Verwandlungen in seinem Bewußtsein und in seinem Körper-Sinne-Komplex wahrgenommen hat. Seine Schau und seine Weltanschauung haben eine radikale Verwandlung oder Mutation durchgemacht. Was er aufgrund dieser Verwandlung sowohl in seinem Bewußtsein wie in seinem Körper-Sinne-Komplex, und durch sie in der Welt, wahrnimmt, unterscheidet sich radikal von dem, was wir Nicht-Yogis wahrnehmen und verstehen. Was der Yoga Darśana zu verstehen geben will, ist, daß jeder Mensch sehen kann, was ein Yogi sieht, vorausgesetzt, er nimmt die Disziplin des Yoga an und lebt völlig mit ihr. Man muß sich dessen ständig bewußt sein, wenn man verstehen will, was diese und die meisten anderen Sūtren aussagen.

Sūtra 14 spricht vom Bewußtsein als einem *dharmī*, der die drei Eigenschaften *śānta* (Ruhe), *udita* (Erwachtsein) und *avyapade-*

śya (Undefinierbarkeit) mit sich trägt und in ihnen gegenwärtig ist. Wenn der Yogi den Geist als *dharmī* durch die Augen von *saṃyama* beobachtet, werden ihm in einem Augenblick diese drei Eigenschaften bewußt. Dann lenkt er seine »Sammlung« (*saṃyama*) auf jede dieser drei Eigenschaften und entdeckt, daß die erste, *śānta*, der untätige oder unbewegliche Zustand des Bewußtseins, ein Ergebnis vergangener Eindrücke (*saṃskāra*) ist, die tatsächlich *vyutthāna saṃskāras* (vgl. III 9) sind, und sein yogischer Blick auf diese vergangenen *saṃskāras* offenbart ihm die ganze Vergangenheit, die durch die Tätigkeit der Erinnerung in seinem Bewußtsein haftet. Die Vergangenheit ist das, was vergangen ist, um nie wiederzukehren. Aber sie hat Eindrücke hinterlassen, die sich der Geist-Substanz eingeprägt haben. Das Geheimnis, das diese *saṃskāras* verbergen, wird nun dem Yogi durch *saṃyama* offenbart. Nachdem er so das Wissen von der Vergangenheit (*atīta*) erlangt hat, lenkt er seine »Sammlung« (*saṃyama*) auf das, was noch kommen wird, auf die Zukunft (*anāgata*). Dieser yogische Blick dringt durch das Bewußtsein, das dann alles offenbart, was in Zukunft in bezug auf seinen psychosomatischen Organismus entstehen wird. Sūtra 16 spricht von diesem Wissen über Vergangenheit und Zukunft (*atīta-anāgata*).

Wie erlangt der Yogi dieses Wissen? Sūtra 15 beantwortet diese Frage. Es besagt, daß der psychosomatische Organismus und alles, was durch ihn wahrgenommen und erfahren wird, ein Ergebnis von *krama*, einer Aufeinanderfolge von Ereignissen oder Augenblicken (*kṣaṇa*), ist. Alles in dieser Welt entsteht als Wirkung von solchen zeitlichen Abfolgen. Wenn man daher fähig ist, diese Aufeinanderfolge im eigenen Bewußtsein zu durchschauen, dann kann man sie völlig verwandeln. Die natürliche oder vergangenheitsbedingte Folge (*krama*) ergibt eine Eigenschaft der Unbeweglichkeit (*śānta*), die als Erinnerung die Vergangenheit enthält. Aber die auf dieses stille, regungslose (*śānta*) Bewußtsein gelenkte »Sammlung« (*saṃyama*) offenbart sein Wesen und seine Struktur als das Ergebnis einer gewissen Folge von vergangenen Ereignissen. Sie offenbart die Wechselwirkungen zwischen dem Bewußtsein und der Welt, die früher erfahren wurden und deren Ergebnis *śānta*, der Ruhezustand, ist. Auf diese Weise enthüllt sie vergangene Existenzen, die das Bewußtsein durchlaufen hat, wie es in Sūtra 18 heißt. So versteht nun der Yogi das Wesen und die Struktur seiner Psyche, wie sie in der aktiven Gegenwart tätig ist. Und wenn er seine »Sammlung« (*saṃyama*) auf das lenkt, was noch kommen wird, mit dem sein Bewußtsein später in Berührung kommen wird, dann sieht er eine Folge von Augenblicken und Ereignissen, die zu dieser noch nicht eingetretenen Eigenschaft führen werden. Auf diese Weise wird ihm die Zukunft (*anāgata*) bewußt. Der Yogi wird fähig, Wissen über Vergangenheit und Zukunft zu erlangen aufgrund der »Sammlung« (*saṃyama*), die er auf die oben erwähnten drei Verwandlungen anwendet. Dies ist die Feststellung von Sūtra 16. Diese Behauptung gründet sich auf die Tatsache, daß der »Sehende« oder die reine Kraft des Sehens, wenn sie aufhört, durch vergangene Erfahrungen zu sehen, frei wird und fähig, sie wahrzunehmen und durch sie hindurchzusehen, und so auch fähig ist, die zugrundeliegenden Abfolgen zu entdecken, die dazu führten, daß das Bewußtsein die Eigenschaft bedingter Untätigkeit erlangt hat. Diese Untätigkeit oder Ruhe wird hier *śānta* genannt.

Man muß hier bemerken, daß die drei Eigenschaften (*dharma*) des Bewußtseins (*dharmī*), die in Sūtra 14 erwähnt werden, den drei Merkmalen des »Gesehenen« (*dṛśya*) oder der objektiven Welt von Sūtra II 18 entsprechen. Diese sind *sthiti*, *kriyā* und *prakāśa*. *Sthiti*, die Regungslosigkeit, ist allen materiellen Dingen gemeinsam. In bezug auf das Bewußtsein nimmt sie die Form eines nicht materiellen, ruhigen Zustandes an, der hier *śānta* heißt. Ähnlich nimmt *kriyā* die Form des Erwachtseins (*udita*) an, und *prakāśa* wird zur Unbenennbarkeit. In der Sicht des Yoga Darśana ist *citta*, das Bewußtsein oder die Psyche, wie eine unsichtbare Brücke, die den »Sehenden« und das Objekt des Sehens in Verbindung bringt. Auf der Seite des Sehenden ist es *citta*, und auf der Seite des »Gesehenen« ist es *dṛśya*, das beobachtbare Objekt. Das Bewußtsein ist also eine Zusammensetzung aus zwei verschiedenen kosmischen Kräften: der Kraft des »reinen Sehens« und der Kraft des »Gesehenen«. Daher nehmen die drei Eigenschaften des

»Gesehenen« im Bewußtsein die drei verschiedenen oben erwähnten Formen an.

Das Wesen des Geistes oder Bewußtseins wird später im IV. Teil noch näher erklärt. Dort heißt es, daß das Bewußtsein (*citta*) als existentielle Wesenheit (*dharmī*) allen Lebewesen oder Gattungen gemeinsam ist. Was die menschliche Gattung betrifft, so bringt das Auftauchen des Ichbewußtseins (*asmitā*) einen Unterschied in jedes individuelle menschliche Wesen aufgrund der verschiedenen Weisen, wie die wählende Neigung, die aus *asmitā* entstanden ist (vgl. IV 2–5), sich in den Individuen auswirkt. Sūtra 23 des IV. Teiles sagt, wenn das Bewußtsein (*citta*) gleichzeitig von dem »Sehenden« und von dem »Gesehenen« leidenschaftlich angezogen wird, kann es die gesamte objektive Welt widerspiegeln.

Da dies die existentielle Situation des Bewußtseins (*citta*) ist, werden die drei in Sūtren 9 bis 12 erwähnten Verwandlungen und die entsprechenden Verwandlungen in Körper und Sinnesorganen (Sūtra 13) durch die Disziplin des Yoga möglich. Diese Disziplin ist entstanden, weil man das Wesen der existentiellen Situation des Menschen wahrgenommen und verstanden hat. Aufgrund solcher Verwandlungen wird der Yogi fähig, durch sein verwandeltes Bewußtsein das zu sehen, was Sūtren 14 bis 18 darlegen, und noch weit mehr, was in späteren Sūtren erwähnt wird. Diese Sūtren beschreiben die Wirklichkeit, wie sie vom Yogi gesehen, gefühlt und erfahren wird. Der Yoga Darśana breitet vor unserem konditionierten Bewußtsein die ungeheuren verborgenen Möglichkeiten aus, die der menschliche Geist in seinem Innersten birgt.

Sūtra 17 spricht von Wort, Bedeutung und Vorstellung, einer Dreiheit, die dem Akt menschlichen Erfahrens zugrunde liegt, Kommunikation ermöglicht und seinerseits das Wesen und die Struktur des allgemeinen menschlichen Bewußtseins machtvoll beeinflußt. Dieses allgemeine Bewußtsein ist verwirrt und schafft daher Spannungen und Elend. Der Yogi betrachtet dieses aus dem dreifachen Komplex von Wort, Bedeutung und Vorstellung entstandene Bewußtsein. Er sieht es mit den Augen der »Sammlung«

(*saṃyama*) an und entdeckt, daß die Bestandteile dieser Dreiheit drei verschiedene Größen sind, die aber dazu neigen, sich miteinander zu vermischen und aufgrund von Verwechslung Verwirrung und falsche Vorstellungen über sich selber und die objektive Welt anzustiften. Wenn diese drei Größen so getrennt erkannt werden, entsteht ein klares Bild, in dem der existentielle Mechanismus der Kommunikation, der allen Lebewesen angeboren ist, sozusagen sein verborgenes Geheimnis enthüllt. Mit dieser Enthüllung werden dem Yogi plötzlich alle Laute aller Lebewesen (*sarva-bhūta-ruta*) verständlich, und daraufhin befindet er sich in einer verstehenden Kommunion mit der gesamten Existenz.

Die Erwähnung der Laute (*ruta*) in Sūtra 17 hat eine sehr tiefe Bedeutung. Das Wort als Laut ist ein artikulierter Ausdruck der Absicht, etwas mitzuteilen, die im Bewußtsein entstanden ist. Ähnlich stellen auch die Laute aller Lebewesen ihre Absicht dar, etwas auszudrücken, was in ihrem Bewußtsein aufgetaucht ist. Dieses Sūtra bedeutet, daß existentiell gesehen im Grunde alle Wesen den Mechanismus der Mitteilung oder Kommunikation und den Vorgang, der seiner Artikulierung vorausgeht, mit dem Menschen gemeinsam haben. Daher führt ein klares Verstehen durch »Sammlung« (*saṃyama*) des menschlichen Mechanismus der Kommunikation, der aus der Dreiheit von Wort, Bedeutung und Vorstellung besteht, natürlicherweise zu dem Verstehen der Kommunikationsmechanismen aller Lebewesen. Der Ausdruck *sarva-bhūta-ruta* im Sūtra würde sogar die Geräusche lebloser Dinge mit einschließen, weil jedes, wenn es durch Berührung oder Reibung mit irgend etwas ein Geräusch hervorbringt, ein ihm eigenes Geräusch hat, das sich von allen anderen Geräuschen unterscheidet. Es erfordert eine ungewöhnliche Aufmerksamkeit und feine Empfindsamkeit, um diese Geräusche voneinander zu unterscheiden. Von dieser Aufmerksamkeit spricht dieses Sūtra.

Sūtra 18 sagt, daß, wenn ein Yogi die komplexe Masse vergangener Eindrücke (*saṃskāras*) in seiner Geistsubstanz direkt wahrnimmt (*sākṣātkaraṇāt*), er die Folge (*krama*) deutlich sieht, die sie hervorgebracht hat. Und wenn er diese Reihenfolge zurückverfolgt bis zu ihrem Ursprung, gelangt er bis zu den früheren Existenzen, die seine Geistsubstanz durchlaufen haben muß, um die Erinnerung an solche Erfahrungen mit sich zu tragen. Die Erinnerung an diese vergangenen Existenzen besteht nun aus bloßen statischen Eindrücken. Der durchdringende und forschende Blick des Yogi, der von »reiner Schaukraft« durchdrungen ist, belebt sozusagen diese Eindrücke (*saṃskāras*), so daß sie beginnen, die Aufeinanderfolge zu enthüllen, die sie durch die eingeprägten Aufzeichnungen vergangener Erfahrungen hervorgebracht hat.

In diesem Zusammenhang mag es nützlich sein, Sūtra 33 des IV. Teiles heranzuziehen. Dieses Sūtra erklärt uns, was mit dem Wort *krama* gemeint ist. *Krama* ist die Wahrnehmung der Wirkung einer Aufeinanderfolge vergangener Augenblicke (*kṣaṇa*). Wenn eine Wirkung verständlich wird, ist die Aufeinanderfolge von Momenten, die sie hervorgebracht hat, schon vergangen. Man kann nur die Wirkung sehen, aber nie die Momente, die sie zum Entstehen gebracht haben. Dieses Sūtra besagt, daß alles, was der Mensch sieht, eine Wirkung der Vergangenheit ist. Und wir werden uns der Bedeutung des Wortes »Vergangenheit« erst bewußt, wenn wir die Wirkung betrachten, die die Abfolge der Momente hinterlassen hat. Die Zeit ist ihrem Wesen nach nur eine Folge von einzelnen Momenten (*kṣaṇa*), deren Funktion es ist, beobachtbare Wirkungen hervorzubringen, nämlich die Objekte, die wir jetzt sehen. Wir sehen nie die Zeit als solche. Sie ist nicht wahrnehmbar. Wir schließen auf ihre Existenz, indem wir die Wirkungen betrachten, die sie in Form der Gegenstände oder der Eindrücke im Bewußtsein hervorgebracht hat. Und selbst diese Zeit, deren Existenz wir erschließen, ist eine bloße Folge von einzelnen Augenblicken, deren Bewegung immer unsichtbar bleibt. In der Tat ist es die Bewegung der Energie, die sich in der objektiven Welt manifestiert. Es ist diese Welt, erfüllt von festen Gegenständen von verwirrender Vielfalt, die wir mit unseren Augen sehen.

Die Beziehung zwischen einer Reihe von Augenblicken zu einer Wirkung ist wie die Beziehung von Energie zur Masse. Ebenso, wie die Masse in Energie verwandelt werden kann, so kann auch ein Gegenstand oder eine Wirkung in eine Folge von Augenblikken verwandelt werden, und zwar durch die yogische Energie der »reinen Schau«.

Auf der Grundlage dieser existentiellen Situation wäre es logisch zu sagen: Wenn man durch den Gegenstand hindurch und über ihn hinaus und durch die Menge der Eindrücke in unserem Bewußtsein sehen kann, so kann man auch die Folge von Augenblicken und Ereignissen erkennen und bis zu ihrem Ursprung zurückverfolgen, wenn diese vergangen sind und ihre Wirkung zurückgelassen haben. Aufgrund dieser außergewöhnlichen Wahrnehmung wird der Yogi fähig, die vergangenen Inkarnationen seiner Psyche oder seines Ego zu erkennen.

All dies und noch viel mehr, was in den folgenden Sūtren steht, mag phantastisch und unglaublich erscheinen. Aber wenn wir aufmerksam der inneren Logik der Yoga-Sūtren folgen, dann eröffnet sich vor den Augen unseres Geistes die Möglichkeit all dieser außergewöhnlichen Wahrnehmungen der Wirklichkeit – die selbst dann immer noch für jedes bedingte Bewußtsein »die große Unbekannte« bleibt. Letztlich geht es bei dieser Wirklichkeit nicht um das Wissen, sondern um das Sein und um das Sehen. Und Yoga ist eine Disziplin, die den Menschen in einen Bewußtseinszustand versetzt, der allein die direkte Wahrnehmung dessen, »was ist«, d. h. der Wirklichkeit, ermöglicht. Es ist die Welt der Wirklichkeit, die nur durch die Augen des Yogi wahrgenommen wird, die in diesem Teil beschrieben wird.

D Die Welt der yogischen Wirklichkeit (Fortsetzung)

(Sūtren 19–55)

19 *pratyayasya para-citta-jñānam.*
Wendet man die »Sammlung« (*saṃyama*) auf die Erfahrung hin, so erlangt man Wissen von den Gedanken anderer.

20 *na ca tat sa-ālambanaṃ tasya aviṣayībhūtatvāt.*
Nicht aber (erlangt man Wissen von) der Grundlage dieser (Gedanken), da sie nicht zum Objekt werden kann.

21 *kāyarūpa-saṃyamāt tad-grāhya-śakti-stambhe cakṣuḥ-prakāśa-asaṃyoge'ntardhānam.*
Wendet man die »Sammlung« auf die Erscheinung des Körpers hin, so wird die Kraft, die ihn wahrnehmbar macht, gebannt und die Verbindung zwischen dem Auge und dem Licht unterbrochen, und er wird unsichtbar.

22 *sa-upakramaṃ nir-upakramaṃ ca karma tat-saṃyamād apara-anta-jñānam ariṣṭebhyo vā.*
Das Tun (*karma*) hat entweder einen Anfang (und ein Ende), oder es hat keinen Anfang (und kein Ende). Wendet man die »Sammlung« darauf hin, so erlangt man Vorauswissen vom (eigenen) Tod oder von Unglück.

Kommentar

Sūtra 19 besagt, daß der Yogi, der seine »Sammlung« (*saṃyama*) auf eine Erfahrung richtet, die er von anderen Menschen entweder durch das, was sie sagen, tun, oder wie sie aussehen, gewinnt, ein

Wissen von dem erlangt, was in ihren Gedanken ist. In Sūtra 20 heißt es, daß dieses Wissen nicht auf einer direkten Erfahrung des Bewußtseins des anderen beruht, sondern nur auf den *vṛttis*, die sich in Worten, Taten oder Gesten ausdrücken. Das Bewußtsein anderer Menschen kann nicht direkt erfahren werden, weil es unsichtbar ist und nicht zum Objekt der Beobachtung, Erfahrung oder Erkenntnis gemacht werden kann. Aber das geistige Organ der anderen Menschen hat *vṛttis*, und wenn sich diese hörbar oder sichtbar ausdrücken, können sie zum Gegenstand der Erfahrung werden. Wenn diese Erfahrung der »Sammlung« unterzogen wird, kann der Yogi erkennen, was im Bewußtsein anderer Menschen vor sich geht. Denn jede *vṛtti* hat eine bestimmte Abfolge (*krama*), die ihr vorausgeht, und durch »Sammlung« kann die Fähigkeit der Wahrnehmung des Yogi zurückgehen bis zu dem Ursprung der Bewegung (*vṛtti*), die sich sichtbar ausgedrückt hat.

Sūtra 21 spricht davon, wie der Körper eines Yogi für andere unsichtbar werden kann. Der Akt des Sehens eines Objektes setzt eine Verbindung zwischen den Augen und den Lichtstrahlen, die das Objekt beleuchten, voraus. Wenn der Yogi seine »Sammlung« auf die sichtbare Form eines Körpers richtet, hält er die innere Energie, die den Körper leuchten macht, auf. Es ist die Kombination der inneren Sehkraft und der äußeren Lichtstrahlen, die einen Körper für andere oder einen selbst sichtbar machen. Aber wenn der Yogi durch seine »Sammlung« den Fluß seiner auf die Erinnerungsform des Körpers gerichteten Sehkraft anhält, wird der Körper so verdunkelt, daß er unfähig wird, die äußeren Lichtstrahlen zu reflektieren. Und ebenso wie man in dichter Finsternis nichts wahrnehmen kann, so können auch andere Menschen den Körper des Yogi nicht wahrnehmen.

Sūtra 22 sagt uns, daß der Yogi die Zeit seines Todes oder eines Unheils voraussehen kann. Dies wird nur dann möglich, wenn der Yogi seine »Sammlung« auf sein Tun oder *karma* richtet. Dieses *karma* ist zweierlei, sagt das Sūtra: 1. eines, das einen Anfang und daher auch ein Ende hat, und 2. eines, das keinen Anfang und daher auch kein Ende hat. Die »Sammlung« ist eine Handlung, die keine Ursache, keinen Anfang und kein Ende hat. Daher offenbart die »Sammlung«, die sich auf das *karma* richtet, dem Yogi die Reihenfolge (*krama*) der Momente, die zu einer Wirkung des Tuns werden. Diese Wirkung mag im Tod des Körpers des Yogi oder in einem Unglück bestehen, das auf ihn zukommt. Hier gilt dieselbe Logik wie in Sūtra 15.

Sūtren 23–55

23 *maitry-ādiṣu balāni.*
Wendet man die »Sammlung« auf Liebe usw. (Mitleid, Heiterkeit und Gleichmut, vgl. I 33) hin, so erlangt man die (seelischen) Kräfte.

24 *baleṣu hasti-bala-ādīni.*
Wendet man die »Sammlung« auf die Kräfte hin, so erlangt man Stärke wie die eines Elefanten oder anderer (Wesen).

25 *pravṛtty-āloka-nyāsāt sūkṣma-vyavahita-viprakṛṣṭa-jñānam.*
Wendet man die »Sammlung« auf das Leuchten der Wahrnehmung hin, so erkennt man subtile, verborgene oder weit entfernte Dinge.

26 *bhuvana-jñānaṃ sūrye saṃyamāt.*
Wendet man die »Sammlung« auf die Sonne hin, so erlangt man Wissen vom Kosmos.

27 *candre tārā-vyūha-jñānam.*
Wendet man die »Sammlung« auf den Mond hin, so erlangt man Wissen von der Ordnung der Gestirne.

28 *dhruve tad-gati-jñānam.*
Wendet man die »Sammlung« auf den Polarstern hin, so erlangt man Wissen von der Bewegung der Sterne.

29 *nābhi-cakre kāya-vyūha-jñānam.*
Wendet man die »Sammlung« auf das Nabelzentrum hin, so erlangt man Wissen von der (inneren) Ordnung des Körpers.

30 *kaṇṭha-kūpe kṣut-pipāsā-nivṛttiḥ.*
Wendet man die »Sammlung« auf die Höhle der Kehle hin, so verschwinden Hunger und Durst.

31 *kūrma-nāḍyām sthairyam.*
Wendet man die »Sammlung« auf die schildkrötenförmige Höhlung in der Brust hin, so erlangt man (innere) Festigkeit.

32 *mūrdha-jyotiṣi siddha-darśanam.*
Wendet man die »Sammlung« auf das Licht im Zentrum des Schädels hin, so erlangt man die Schau der Vollkommenen (*siddhas*).

33 *prātibhād vā sarvam.*
Oder durch den Blitzstrahl der Intuition erkennt man alles.

34 *hṛdaye citta-saṃvit.*
(Durch »Sammlung«) im Herzen erlangt man Erkenntnis des Bewußtseins.

35 *sattva-puruṣayor atyanta-asaṃkīrṇayoḥ pratyaya-aviśeṣo bhogaḥ parārtha-anya-svārtha-saṃyamāt puruṣa-jñānam.*
Die Welterfahrung (*bhoga*) ist ein Erleben, das nicht unterscheidet zwischen der reinen psycho-physischen Natur (*sattva*) und dem »inneren Menschen« (*puruṣa*), die völlig unvermischt sind. Diese Welterfahrung bezieht sich auf einen anderen (den »inneren Menschen«). Wendet man die »Sammlung« auf das in sich selbst Gründende hin, so erkennt man den »inneren Menschen« (*puruṣa*).

36 *tataḥ prātibha-śrāvaṇa-vedanā-ādarśa-āsvāda-vārtā-jāyante.*

Daraus (aus der Erkenntnis des *puruṣa*) entsteht blitzartige Erleuchtung, wodurch man eine überirdische Fähigkeit des Hörens, Fühlens, Sehens, Schmeckens und Riechens erlangt.

37 *te samādhau upasargā vyutthāne siddhayaḥ.*
Diese übernatürlichen Kräfte sind Hindernisse für die Versenkung, aber sie erscheinen im Zustand der Aktivität als »Vollkommenheiten« (*siddhis*).

38 *bandha-kāraṇa-śaithilyāt pracara-saṃvedanāc ca cittasya paraśarīra-āveśaḥ.*
Wenn die Ursache der Bindung (an den Körper) geschwächt ist und die Bewegungen des Bewußtseins erkannt sind, wird der Yogi fähig, in andere Körper einzugehen.

39 *udāna-jayāj jala-paṅka-kaṇṭaka-ādiṣu asaṅga utkrāntiś ca.*
Durch Beherrschung des aufsteigenden Atems (*udāna*) wird der Yogi fähig, durch Wasser, Schlamm oder Dornen zu gehen, ohne davon berührt zu werden, und er kann (den Körper) verlassen.

40 *samāna-jayāt prajvalanam.*
Durch Beherrschung des verbindenden Atems (*samāna*) wird sein Körper leuchtend.

41 *śrotra-ākāśayoḥ saṃbandha-saṃyamād divyaṃ śrotram.*
Wendet man die »Sammlung« auf die Beziehung zwischen dem Ohr und dem leeren Raum hin, so erlangt man ein göttliches Gehör.

42 *kāya-ākāśayoḥ saṃbandha-saṃyamāl laghu-tūla-samāpatteś ca ākāśa-gamanam.*
Wendet der Yogi die »Sammlung« auf die Beziehung zwischen dem Körper und dem leeren Raum hin und betrachtet er die Leichtigkeit (des Körpers) wie Baumwolle, so erlangt er die Fähigkeit, sich frei im Raum zu bewegen.

43 *bahir akalpitā vṛttir mahāvidehā tataḥ prakāśa-āvaraṇa-kṣayaḥ.*
Der nicht vorgestellte Bewußtseinszustand außerhalb (des Körpers) wird der »große Körperlose« genannt. Dadurch wird die Hülle über der inneren Erleuchtung entfernt.

44 *sthūla-svarūpa-sūkṣma-anvaya-arthavattva-saṃyamād bhūta-jayaḥ.*
Wendet man die »Sammlung« auf die grobe Gestalt, das Eigenwesen, die feine Gestalt, die Beziehung und die Sinnhaftigkeit der Elemente hin, so erlangt man Beherrschung der materiellen Welt.

45 *tato'ṇima-ādi-prādurbhāvaḥ kāya-saṃpat tad-dharma-anabhighātaś ca.*
Daraus entstehen die übernatürlichen Fähigkeiten, wie den Körper atomklein zu machen usw., Vollkommenheit des Körpers und die Unverletzbarkeit in den körperlichen Eigenschaften.

46 *rūpa-lāvaṇya-bala-vajrasaṃhananatvāni kāyasaṃpat.*
Die Vollkommenheit des Körpers besteht in Schönheit, Anmut, Kraft und diamantener Härte.

47 *grahaṇa-svarūpa-asmitā-anvaya-arthavattva-saṃyamād indriya-jayaḥ.*
Wendet man die »Sammlung« auf die Empfänglichkeit, das eigene Wesen, das Ichbewußtsein, die Beziehung und die Sinnhaftigkeit (der Sinnesorgane) hin, so erlangt man Beherrschung der Sinne.

48 *tato manojavitvaṃ vikaraṇa-bhāvaḥ pradhānajayaś ca.*
Daraus entsteht Schnelligkeit des Geistes, ein Zustand der Loslösung (von den körperlichen Organen) und die Beherrschung der Urnatur.

49 *sattva-puruṣa-anyatā-khyāti-mātrasya sarva-bhāva-adhiṣṭhātṛtvaṃ sarvajñātṛtvaṃ ca.*
Einer, der die reine Schau der Verschiedenheit zwischen der reinen psycho-physischen Natur (*sattva*) und dem »inneren Menschen« (*puruṣa*) besitzt, erlangt Allmacht und Allwissenheit.

50 *tad-vairāgyād api doṣa-bīja-kṣaye kaivalyam.*
Durch Verzicht selbst auf diese Vollkommenheit werden alle Keime der Unreinheit zerstört, und er erlangt die völlige Freiheit (*kaivalyam*).

51 *sthāny-upanimantraṇe saṅga-smaya-akaraṇaṃ punar aniṣṭa-prasaṅgāt.*
Selbst wenn er von Hochgestellten (oder himmlischen Wesen) eingeladen wird, soll der Yogi weder davon berührt noch hochmütig sein, weil (dieser Umgang) immer wieder unerwünschte Folgen hat.

52 *kṣaṇa-tatkramayoḥ saṃyamād vivekajaṃ jñānam.*
Wendet man die »Sammlung« auf die zeitlichen Momente und ihre Aufeinanderfolge hin, so erlangt man aus Unterscheidung geborene Erkenntnis.

53 *Jāti-lakṣaṇa-deśair-anyatā-anavachedāt tulyayos tataḥ pratipattiḥ.*
Eine daraus entstandene Wahrnehmung kann sogar zwischen zwei Dingen unterscheiden, die aufgrund von Gattung, Merkmal, Ort usw. gleich erscheinen.

54 *tārakaṃ sarvaviṣayaṃ sarvathāviṣayam akramaṃ ca iti vivekajaṃ jñānam.*
Eine Erkenntnis, die erlösend ist, alles zum Gegenstand hat, die Gegenstände in all ihren Aspekten begreift und keine zeitliche Folge kennt, ist die aus Unterscheidung geborene Erkenntnis.

55 *sattva-puruṣayoḥ śuddhi-sāmye kaivalyam.*
Wenn die absolute Reinheit in dem psycho-physischen Wesen (*sattva*) und im »inneren Menschen« (*puruṣa*) gleich ist, entsteht völlige Freiheit (*kaivalyam*).

KOMMENTAR

Ein genaues Verständnis aller Sūtren des III. Teiles, der von dem Auftauchen außergewöhnlicher Kräfte oder anscheinend übernatürlicher Phänomene spricht, muß der meditativen Einsicht des Lesers überlassen bleiben, der sich selbst auf den Weg der Yoga-Disziplin begeben hat. Aber es scheint notwendig zu sein, die Aufmerksamkeit in diesem Zusammenhang auf einige grundlegende Tatsachen zu lenken, die das rechte Verständnis erleichtern mögen.

Zunächst und vor allem ist keine dieser *siddhis* oder außergewöhnlichen Kräfte das Ergebnis irgendeiner egozentrischen Anstrengung oder Übung des Yogi oder irgendeines Menschen. Der Grund ist der, daß diese *siddhis* aus der Versenkung (*samādhi*) und »Sammlung« (*saṃyama*) entstanden sind. *Samādhi* ist nicht eine Leistung, eine Errungenschaft oder etwas, was man durch Anstrengung erlangt. Selbst *viveka-khyāti*, die Unterscheidungsschau (II 26–27), hilft einem nur bis zu den ersten sieben Stufen oder Gliedern (*aṅgas*) des achtfachen Yogaweges. Sūtra 45 des II. Teiles bestimmt eindeutig, daß die *siddhi* des *samādhi* nur durch die Gnade Gottes erlangt wird. Diese Gnade kann nur kommen, wenn man das göttliche Bewußtsein versteht und eins mit ihm wird, wie es im I. Teil (23–29) beschrieben wird.

Zweitens entstehen alle diese *siddhis*, wenn die »Sammlung« (*saṃyama*) sich auf gewisse Dinge konzentriert. Diese Hinwendung geschieht spontan und nicht durch irgendeine egozentrische Anstrengung. Dies wird vom 6. Sūtra des III. Teiles her klar. Der Yogi tut es nicht: Es geschieht. Daher sind alle diese *siddhis* Ereignisse und keine künstlichen Schöpfungen.

Drittens ist die »Sammlung« (*saṃyama*) eine Dreiheit, d. h.

das Zusammenwirken von drei Faktoren. Diese drei sind *dhāraṇā*, *dhyāna* und *samādhi* (III 1–3). Ein Yogi, der in der Welt lebt, muß notwendigerweise Dinge, die um ihn herum geschehen, sehen, hören und fühlen. Aber er kann sie ignorieren oder auf sie achtgeben. Wenn er auf sie achtgibt, richtet sich seine Aufmerksamkeit von selbst auf diese Dinge. Aber bevor dies geschieht, muß das Bewußtsein des Yogi schon die drei Verwandlungen durchgemacht haben, die in seinem Körper und seinen Sinnesorganen geschehen (III 9–13). Daher ist seine Aufmerksamkeit, wenn sie von irgend etwas in seiner Nähe angezogen wird, mit der Energie der dreifachen äußeren und inneren Verwandlung geladen. Er betrachtet die Dinge, die seine Aufmerksamkeit anziehen. Zuerst betrachtet er sie mit den Augen der *dhāraṇā* oder der völligen Leere des Bewußtseins, das sich wie in einem leeren Raum hält; dann betrachtet er sie mit den Augen einer einzigen Erfahrung der Leere, mit der er völlig in Harmonie ist (*dhyāna*), und drittens betrachtet er sie mit den Augen des plötzlich auftauchenden *samādhi*, in dem seine Identität all ihrer Eigenschaften entblößt ist (*svarūpa-śūnya*) und die strahlende objektive Wirklichkeit sich entfaltet und den ganzen Bereich ausfüllt.

Nun ist es das Leuchten dieser alles durchdringenden Wirklichkeit, das durch die Augen des Yogi blickt und all das durchdringt, was seine Aufmerksamkeit an sich zieht. Dies ist »Sammlung« (*saṃyama*). Diese leuchtende Wirklichkeit, die nicht nur durch die Augen, sondern durch das ganze Wesen des Yogi hindurchstrahlt, offenbart die allen Dingen zugrunde liegende Wahrheit, daß nämlich alles in dieser Welt, *ausgenommen der reinen Schaukraft*, ein Ergebnis einer bestimmten Aufeinanderfolge von Momenten und Ereignissen ist, die im Dunkel der Vergangenheit verschwunden sind. Die Augen des Yogi, die mit der Kraft der »Sammlung« (*saṃyama*) erfüllt sind, der einzigen von der Zeitlichkeit nicht beeinflußten Kraft, beleuchten die Reihe der Augenblicke und Ereignisse, die jedem sichtbaren Gegenstand zugrunde liegen. Auf diese Weise offenbaren sich ihm die vergangenen (*atīta*) und zukünftigen (*anāgata*) Abfolgen (III 15–16).

Dies geschieht in bezug auf alles, was in diesen Sūtren erwähnt wird. Daher sind alle diese außergewöhnlichen und scheinbar übernatürlichen Geschehnisse bloße *Ereignisse*, die für die transzendentale Schau des Yogi natürlich sind.

Letztlich muß man immer gegenwärtig haben, daß die ganze Bewegung des Yoga Darśana oder der Anschauung des Yoga in eine einzige Vollendung mündet. Diese ist *kaivalya* oder völlige Freiheit. Sie beginnt mit einer grundlegenden Wahrnehmung, die in Sūtra 35 beschrieben wird, nämlich daß jede Erfahrung des Menschen *bhoga* oder Selbstgenuß ist. Und zwar deshalb, weil er sich der Tatsache nicht bewußt wird, daß der »Seher« in ihm, das eigentlich »Menschliche des Menschen« (*puruṣa*), völlig verschieden ist von seinem psychosomatischen Organismus, der sein Wesen ausmacht. Dieses »Wesen« ist das »Gesehene« und nicht der »Sehende«. Die beiden können nie dasselbe sein, obwohl sie einander sehr nahe sind. Sie leben zusammen. Und obwohl sie physisch untrennbar sind, sind sie existentiell unterschieden. Die Erkenntnis dieser Wahrheit, die augenblicklich eintritt und frei ist von der zeitlichen Folge, ist grundlegend für das Fürsichsein oder die Freiheit (*kaivalya*). Sie ist grundlegend für eine leuchtende Klarheit der Schau. Jene Schau, die aus der Verwechslung des »Sehenden« mit dem »Gesehenen« entsteht, als wären sie miteinander identisch, ist eine verwirrte Anschauung (*avidyā-khyāti*) all der Menschen, die sich nicht mit ganzem Herzen auf den Yogaweg begeben haben. Diese Verwirrung führt zu *bhoga* oder Selbstgenuß. Auf der anderen Seite führt die Schau, die aus der klaren Unterscheidung zwischen den beiden entstanden ist, zu dem rechten Verständnis des »Menschlichen im Menschen« (*puruṣa-jñānam*, III 35). Dies führt zum Lösen der Bindungen (III 38) und ist der erste und letzte entscheidende Schritt auf die Freiheit zu.

Mit diesem Lösen von allen vergangenen Bindungen geschehen zwei Dinge: 1. Reinheit des Wesens (*sattva*) und 2. Reinheit des »Menschlichen im Menschen« (*puruṣa*). Das Wesen des Menschen wird zu dem Grund für die freie und volle Annahme aller Dinge, Erfahrungen und Erkenntnis. Dies geschieht, weil der Mensch nun *sattva-puruṣa-anyatā-khyātimātra* geworden ist, ein reines Bewußtsein der Unterscheidung zwischen den »Sehenden« und dem »Gesehenen«, zwischen dem »Menschlichen im Menschen« einerseits und seinem Wesen in Form seines psychosomatischen Organismus andererseits. Da alles in diesem großen Universum, soweit es den Menschen betrifft, nur in und durch das existiert, was man durch die Sinne und den Geist aufnimmt, wird der Mensch zum Grund für den Empfang aller Dinge und daher für die Allwissenheit (III 49). Aber diese Allwissenheit darf nicht zu irgendeiner Form des Egoismus degenerieren und mißbraucht werden. Wenn man diese Gefahr erkennt, verliert man das Interesse selbst an dieser wunderbaren Allwissenheit. Man mag sie besitzen oder nicht. Wenn man einmal die leuchtende Wahrheit aller Dinge geschaut hat, ist nichts anderes mehr von Bedeutung. So verbrennt die Loslösung (*vairāgya*) selbst von der Allwissenheit alle Keime der Unreinheit, sowohl im »Wesen« des Menschen wie in dem »Menschlichen« in seinem Innern. Eine vollkommene und gleiche Reinheit in beiden ist letzte Freiheit (III 55). Dies ist die Vollendung des Menschen und seine Verwandlung von einem Produkt der Natur zu einem existentiell wirklichen menschlichen Wesen. Dies ist der *Mensch*, dessen Sein und Leben immer in vollkommener Freiheit bleibt. Dies ist der Mensch, der in einen Yogi verwandelt wurde.

Noch eines: Sūtra 37 stellt fest, daß die *siddhis* für den *samādhi* hinderlich sind. Einer, der sich auf dem Yogaweg befindet, verliert sich leicht an die wundervollen Erregungen der *siddhis*, er verliert dann die Verbindung mit der Versenkung und wird zurückgeworfen in ein dem Yoga entgegengesetztes Bewußtsein. Ein wahrer und echter Yogi wird nie ein Exhibitionist sein, der seine außergewöhnlichen Kräfte zur Schau stellt. Diejenigen, die dies tun und in der ganzen Welt den Beifall der Menge ernten, sind keine Yogis, was immer sonst sie sein mögen. In Wirklichkeit sind sie die Zerstörer und Verkehrer der Disziplin des Yoga. Seit Jahrhunderten wurde Yoga mit der demonstrierbaren Erlangung von *siddhis* gleichgesetzt – dies ist aber eine Lüge und eine Entstellung des Yoga.

Teil IV
Über die Freiheit:
Kaivalya Pāda

A Die Natur und der Mensch

(Sūtren 1–13)

1 *janma-oṣadhi-mantra-tapaḥ-samādhijāḥ siddhayaḥ.*
Die wunderbaren Fähigkeiten (*siddhi*) sind entweder angeboren oder sie entstehen durch (medizinische) Pflanzen, durch heilige Worte (*mantra*), durch Askese oder durch Versenkung.

2 *jāty-antara-pariṇāmaḥ prakṛty-āpūrāt.*
Die Verwandlung in eine andere Gattung geschieht aufgrund des Überströmens der Urnatur.

3 *nimittam aprayojakaṃ prakṛtīnām varaṇa-bhedas tu tataḥ kṣetrikavat.*
Die (menschlichen) Kausalursachen bewirken nicht die Vorgänge in der Natur. (Der Mensch) unterscheidet sich durch sein Wählenkönnen* ; daher ist er wie ein Bauer (der durch Dämme das Wasser auf seine Felder leitet).

4 *nirmāṇa-cittāny asmitā-mātrāt.*
Das (individuelle) geschaffene Bewußtsein** geht allein aus dem Ichbewußtsein hervor.

* Anm. d. Übers.: *varaṇa-bheda* würde gewöhnlich »das Unterteilen oder Zerstören des Dammes« bedeuten, so daß der zweite Teil des Sūtra lauten würde: »Sie dient nur zum Beseitigen der Dämme (Hindernisse), wie ein Bauer . . .«

** Anm. d. Übers.: Eigentlich Plural (*cittāni*), der aber im Deutschen nicht wiederzugeben ist.

5 *pravṛtti-bhede prayojakaṃ cittaṃ ekam anekeṣām.*
Obwohl sie sich in der Funktion unterscheiden, ist *ein* Bewußtsein die Ursache des Bewußtseins unzähliger Individuen.

6 *tatra dhyānajam anāśayam.*
Dabei ist das aus der Meditation geborene (Bewußtsein) frei von Resten der unterbewußten Eindrücke.

7 *karma aśukla-akṛṣṇaṃ yoginas trividham itareṣām.*
Das Werk des Yogi ist weder licht noch dunkel, aber die (Werke) der anderen Menschen sind dreifach (licht, dunkel und gemischt).

8 *tatas tad-vipāka-anuguṇānām eva abhivyaktir vāsanānām.*
Daraus (aus diesen drei Arten von Werken) entfalten sich die unterbewußten Eindrücke, die ihren ausgereiften Ergebnissen entsprechen.

9 *jāti-deśa-kāla-vyavahitānām apy ānantaryaṃ smṛtisaṃskarayor ekarūpatvāt.*
Obwohl sie (die unterbewußten Eindrücke und deren Ursache) durch (die Umstände von) Geburt, Raum und Zeit getrennt sind, hängen sie eng zusammen, weil die Erinnerung (*smṛti*) und die Eindrücke (*saṃskāra*) dasselbe Wesen haben.

10 *tāsām anāditvaṃ ca āśiṣo nityatvāt.*
Und diese (Eindrücke) sind anfanglos, weil der Lebenswunsch (dauernd und) unzerstörbar ist.

11 *hetu-phala-āśraya-ālambanaiḥ saṃgṛhītatvād eṣām abhāve tadabhāvaḥ.*
Da die Eindrücke zusammengehalten werden durch die Ursache, das Ergebnis, die Grundlage und die Abhängigkeit von Gegenständen, führt die Aufhebung dieser (Faktoren) auch zur Aufhebung der Eindrücke.

12 *atīta-anāgataṃ svarūpato'sty adhva-bhedād dharmāṇām.*
Vergangenheit und Zukunft bleiben in ihrer eigenen Identität bestehen, die Eigenschaften unterscheiden sich nur aufgrund des zeitlichen Abstandes.

13 *te vyakta-sūkṣmā guṇa-ātmānaḥ.*
Diese Eigenschaften sind entweder sichtbar oder verborgen (subtil), entsprechend der Wesenheit der Kräfte der Urnatur (*guṇa*).

KOMMENTAR

Dies ist der vierte und letzte Teil des Yoga Darśana. Er wird Kaivalya Pāda genannt. Das Wort *kaivalya* wird traditionsgemäß in der Bedeutung von »Freiheit« verstanden. Aber diese yogische Freiheit unterscheidet sich wesentlich von allen anderen Begriffen von Freiheit. In Wirklichkeit ist es kein mentales Gebilde, kein Begriff, keine Idee, keine Vorstellung, kein Ideal oder Ziel, das man verfolgen sollte. Es ist auch keine Freiheit *von* etwas. Diese Freiheit ist der existentielle Wesenskern der Menschlichkeit im Menschen, der nur entdeckt und verwirklicht werden kann, wenn der Mensch alles das aufgibt, was die reine Wahrnehmung dessen, »was ist«, behindert.

Dies wird durch das Wort *kaivalya* selbst angedeutet. Das Wort stammt von *kevala*, was »einzig, eins, allein« bedeutet. *Kaivalya* heißt daher »Alleinsein, Einzigkeit, Bloßheit, Losgelöstheit, Abgeschiedenheit«. Dies ist die existentielle Beschreibung des eigentlichen Zustandes der Menschlichkeit des Menschen. Der Mensch ist eigentlich und wirklich allein inmitten der fremden und verwirrenden Vielfalt der Objekte um ihn herum.

Der Mensch betrachtet sich selbst als »Ich«, das nicht ein »Nicht-Ich« oder ein »anderer« ist oder sein kann. Und doch muß dieser Mensch mit seinem angeborenen Ich-Bewußtsein (*asmitā*), das eigentlich Alleinsein bedeutet, mit allem zusammen leben, was das andere oder die Andersheit ausmacht. Auch dies ist ein grundlegender Zustand der menschlichen Existenz. Er muß, um zu überleben, Luft einatmen, Nahrung zu sich nehmen und Wasser trinken. Er muß dasjenige sehen, hören, berühren, schmecken und riechen, was nicht das »Ich« ist und nie sein kann. Er neigt dazu, alles, was ihm die Sinne für sein Wohlergehen anbieten, als Freude oder Leid zu erfahren. Und er erfährt immer die Gegenwart der geheimnisvollen Vielfalt der ihn umgebenden Welt, die ihm so völlig fremd ist und doch so lebensnotwendig für sein Dasein. Diese existentielle Notwendigkeit, das andere, das Anderssein des anderen zu erfahren, macht das eigentliche Wesen des Zusammenseins oder der Beziehung aus. »Sein ist In-Beziehung-Sein.«

Dies ist die existentielle Situation, in der sich der Mensch vorfindet. Sie besteht aus einem dreifachen Komplex von »Ich-binheit«, »Andersheit« und »Gemeinsamkeit«. Oder, in anderen Worten, es ist eine Dreiheit aus Alleinsein, Fremdheit und Beziehung. Wenn dem so ist, wie kann dann das Alleinsein, *kaivalya*, Freiheit bedeuten? Gewöhnlich, oder unkritisch betrachtet, scheint es nichts als Abhängigkeit zu beinhalten. Und genau dies nimmt der Mensch schon von seiner Geburt an als selbstverständlich hin. Am Anfang ist er von seinen Eltern abhängig, dann von der Gesellschaft und ihren sogenannten Führern, dann von der Natur und der äußeren Welt. Aber diese stillschweigende Annahme der Abhängigkeit und die von ihr bestimmte Lebensweise führt den Menschen unvermeidlich in Spannungen, Konflikte, Leid, Elend und Verwirrung. Und nun, wenn der Mensch mit dieser Verzweiflung existentiell konfrontiert wird, wird er auf sich selbst zurückgeworfen und dazu gezwungen, der Tatsache seiner völligen Einsamkeit ins Auge zu blicken. Dies ist das Bewußtwerden des ersten Aspektes der dreifachen existentiellen Situation. Es erfordert ein rechtes Verstehen der Ich-bin-heit oder des Alleinseins, der Fremdheit oder Andersheit und der Gemeinsamkeit oder Beziehung. Dieses Verstehen führt zur Disziplin des Yoga, wie sie in den letzten drei Teilen dargelegt wurde. Diese Darstellung der existentiellen Situation befähigt einen, die wahre Bedeutung der Ich-bin-heit, des Andersseins und der Gemeinsamkeit existentiell zu verstehen. Zunächst und zuerst zerbricht sie die vorgestellte Einheit der Ich-bin-heit (II 6). Sie konfrontiert einen mit der Tatsache, daß das an den Körper gebundene Ich-Gefühl ein natürliches Gebilde ist, wie jeder andere Gegenstand. Wenn das Ich-Gefühl so seiner Stütze in Körper und Psyche beraubt ist, verliert es seine Substanz und seine Attribute und wird auf den Zustand eines bloßen begrifflichen Erkennens reduziert, was eine *vṛtti* oder Vorstellung ist und daher keine Wirklichkeit besitzt (I 9). Wenn man so des Schutzmantels von Körper und Psyche entblößt ist und ebenso von deren psycho-mentaler Tätigkeit (*vṛtti*), bleibt man allein mit dem »reinen Sehen«, von Augenblick zu Augenblick. In diesem Zustand gibt es kein egozentrisches Wesen mehr, das Erfahrungen und Eindrücke in der Geistsubstanz oder in den Gehirnzellen sammelt und sich in sie verstrickt.

Dieses außergewöhnliche »reine Sehen« wird der »Sehende« genannt – das innerste Zentrum der »Menschlichkeit« des Menschen in ihrem existentiellen Sinn (II 20). Dies ist das Alleinsein mit der totalen Freiheit, verstanden als eine völlige Loslösung aus der Verwirrung der Vorstellung in den »Strom der Natur« (*prakṛtyāpūra*) und in die ganze äußere Welt, die das »Gesehene« ausmacht. Dieses Alleinsein ist frei von der egozentrischen »Ich-bin-heit« mit ihren Spannung erzeugenden Tätigkeiten. Diese Einsamkeit ist nun geladen mit der »Energie des reinen Sehens« und ist so fähig, das Wesen und die Struktur der existentiellen Situation frei zu erforschen. Diese Einsamkeit ist nun ein innerer Wesensbestandteil des Daseins als ganzes und deckt sich mit ihm. Das Alleinsein befindet sich nun in einem Zustand schöpferischer Harmonie mit der objektiven Welt – schöpferisch, weil es sich von der Vergangenheit befreit hat, ja, von der Zeitlichkeit überhaupt. Das Geheimnis, das der universalen Beziehung oder der Gemeinsamkeit zugrunde liegt, beginnt sich nun vor den eigenen Augen zu entfalten – jenen Augen, die nun von der freien Energie des reinen Sehens erfüllt sind. Dies ist *kaivalya* oder die Freiheit des »Sehers« (II 25).

Es mag hier wichtig sein anzumerken, daß die Yoga-Sūtren nur das Wort *kaivalya* verwenden, um die Freiheit zu bezeichnen, nicht aber andere Synonyme wie z. B. *svātantrya, svādhīnatā, mukti* oder *mokṣa*. Alle diese Synonyme drücken nicht die existentielle Grundlage der Freiheit aus und machen daher die Freiheit zu einer Vorstellung, zu einem anzustrebenden Ideal, zu einem Ziel, das man durch einen zeitlichen Vorgang erreichen soll. Das Wort *kaivalya* hingegen impliziert eine Freiheit, die sich auf die existentielle Tatsache gründet, daß der Mensch inmitten einer verwirrenden Vielfalt von Objekten um ihn herum allein ist. Die existentielle Bedeutung des Alleinseins, der Andersheit und der Gemeinsamkeit zu verstehen, nicht in einem zeitlichen Vorgang, sondern durch ein augenblickliches Bewußtwerden, heißt, daß man die Freiheit verwirklicht und von Augenblick zu Augenblick in ihr lebt.

Außerdem muß festgehalten werden, daß die Yoga-Sūtren nur das Wort *puruṣa* verwenden, um den Menschen zu bezeichnen, und kein anderes Synonym wie *mānava* oder *manuṣya*. Diese letzteren Ausdrücke bringen nicht das existentielle Wesen der »Menschlichkeit des Menschen« zum Ausdruck. Sie betonen nur die Aspekte des Menschen, die sich auf die psycho-mentale Ebene und damit auf die Ebene der Vorstellung beziehen, die mit *vṛttis* verwechselt werden, wobei der existentielle Kern der Menschlichkeit des Menschen nicht berührt wird. Das Wort *puruṣa* hingegen bringt gerade die existentielle Bedeutung der Menschlichkeit des Menschen zum Ausdruck. Die Upaniṣaden leiten das Wort *puruṣa* von *puri-śaya* ab, was bedeutet »in einer Stadt, Festung oder in einem Körper ruhend«. Die Menschlichkeit des Menschen bedeutet dasjenige, was in seinem Körper wohnt, aber von ihm verschieden ist. Obwohl diese innewohnende Menschlichkeit, ob schlummernd oder wach, physisch *untrennbar* vom Körper oder von dem psychosomatischen Organismus des Menschen ist, ist sie deutlich von ihm *unterscheidbar*. Diese existentielle Unterscheidung zu erkennen, ist ein Merkmal wahrer Intelligenz und ist wahrhaft menschlich. Auf der anderen Seite, wenn man diese existentielle Unterscheidung nicht vollzieht und sein Leben nicht auf diese Erkenntnis gründet, hört man auf, ein wahrhaft menschliches Wesen zu sein. Man lebt dann ein Leben, das von den blinden und geistlosen Kräften der Vergangenheit, die das natürliche und gesellschaftliche Erbe des Menschen ausmachen, beherrscht und immer wieder verzerrt wird. Eben das wurde in den drei ersten Teilen dargestellt.

In diesem vierten und letzten Teil werden drei Gegebenheiten einander gegenübergestellt: der Strom der Natur, die Substanz, aus der der Geist oder die Psyche des Menschen besteht, und die absolute Notwendigkeit einer völligen Verwandlung des Bewußtseins. Die innere Logik, die den Sūtren 1 bis 13 zugrunde liegt, ist die folgende:

1. Die Menschen werden mit Fähigkeiten oder Kräften verschiedenen Grades geboren. In Wirklichkeit sind alle Dinge dieser Welt, ob belebt oder unbelebt, von bestimmten Kräften oder potentieller Energie erfüllt. Ohne sie zu erforschen oder zu versuchen, den Sinn dieser angeborenen Kräfte zu ergründen, neigen die Menschen dazu, sie zu benützen und mit ihrer Hilfe Vorteil von ihrer Umgebung und von ihren Mitmenschen zu gewinnen. Mit diesem Ziel sind sie immer auf der Suche nach außergewöhnlichen Kräften. Diese werden *siddhis* genannt. Sūtra 1 sagt, daß die *siddhis* entweder angeboren sind, oder, wenn sie nicht angeboren sind, daß sie mit Hilfe besonderer Pflanzen, mit Hilfe kraftvoller oder magischer Worte, mit Hilfe von Askese, die die eine oder andere Disziplin anwendet, oder mit Hilfe yogischer Meditation und *samādhi* gewonnen werden. Diese fünf Quellen der *siddhis* scheinen bloße Beispiele zu sein. Man kann auch durch andere Mittel außergewöhnliche Kräfte oder Fähigkeiten gewinnen, wie z. B. durch Wissenschaft und Technik, wovon die heutige Zeit besessen ist. Was die folgenden Sūtren zu verstehen geben wollen, ist dies: Keine dieser *siddhis* oder außergewöhnlichen Kräfte, wie viele man auch durch irgendwelche Mittel erlangt hat, kann das Problem des Überlebens des Menschen lösen oder der Bereicherung des *Menschlichen* im Menschen dienen. Die einzige Möglichkeit, mit den Problemen fertigzuwerden, denen sich der Mensch ständig zu stellen hat, ist, die existentielle Bedeutung von drei Dingen zu verstehen: das Alleinsein, das Anderssein und die Gemeinsamkeit – und dann danach zu leben und zu handeln.

2. Sūtra 2 stellt fest, daß die Verwandlung der Gattungen durch das »Überströmen der Urnatur« (*prakṛtyāpūra*) entsteht. Auch der Mensch selbst gehört zu einer solchen Gattung. Es steht ihm nicht zu, eine radikale Verwandlung seines natürlichen, biologischen Organismus zu bewirken. Alles, was ihm offensteht, ist, diese vorgegebene existentielle Situation zu sehen, zu verstehen und mit ihr Frieden zu schließen. Aber er kann dies nicht tun, wenn er nicht sein eigenes Wesen radikal verwandelt, auf Grund dessen, was ihm vorgegeben ist.

3. Sūtra 3 sagt, daß keine menschliche noch irgendeine andere Ursache (*nimitta*) den »Strom der Natur« hervorbringen oder erhalten kann. Der Mensch kann lediglich dieses Überströmen der Natur zu seinem Vorteil nutzen, wie der Bauer das Wasser des natürlichen Flusses benützt, um damit seine Felder zu bewässern, indem er einen Kanal baut. Dies ist alles, was ihm zusteht. Aber die Möglichkeiten sind unbegrenzt, wenn der Mensch bereit ist, die existentielle Situation anzunehmen und zu verstehen. Der Mensch unterscheidet sich von allem Natürlichen nur in einer Hinsicht: in seiner Fähigkeit zu wählen. Daher verlangt die existentielle Situation, daß der Mensch die ungeheuren Möglichkeiten dieser einmaligen Fähigkeit nützt. Er darf das ungeheure Energiepotential, das sich im Innern dieser Fähigkeit verbirgt, nicht in kleinlichen Trivialitäten verzetteln. Dieses Potential entspricht in Wesen und Ausdehnung den drei kosmischen Energien, die das Strömen der Urnatur und die ökologische Ordnung des Universums hervorbringen und erhalten.

4. Der Mensch darf nie die Tatsache aus den Augen verlieren, daß jedes individualisierte Bewußtsein das Ergebnis der Vorstellung und des angeborenen Ichgefühles ist, wie es in Sūtra 4 heißt. Und der Mensch wird nie das mächtige Energiepotential, das in seinem Wesen enthalten ist, erkennen und verwirklichen, wenn er nicht die Tatsache wahrnimmt, daß sein Gefühl der »Ich-binheit« nicht einheitlich ist, sondern die Verschmelzung aus zwei verschiedenen kosmischen Kräften darstellt (II 6). Wenn die egozentrischen Tätigkeiten dieser Verschmelzung nicht aufmerksam und in einem Zustand wahlfreier Bewußtheit beobachtet werden

und die Unterscheidung zwischen der Energie des »Sehenden« und der Energie des »Gesehenen« nicht klar verstanden und vollzogen wird, besteht keine Hoffnung für den Menschen. Ohne dieses Verstehen kann er nur immer mehr Schwierigkeiten und vielleicht sogar eine Katastrophe hervorrufen.

Der Mensch muß die Tatsache erkennen, daß die Geistsubstanz, aus der die verschiedenen wählenden Tätigkeiten auftauchen, allen Menschen gemeinsam ist trotz der Unterschiede in der Wahl der Individuen. Diese natürliche Geistsubstanz motiviert die individuellen Bewußtseinszentren durch angeborene Sympathien und Antipathien und andere Neigungen. Dies wird in Sūtra 5 deutlich. Wenn man dieser Tatsache keine Aufmerksamkeit schenkt, wird nur die Trennung zwischen Mensch und Mensch und zwischen Natur und Mensch fortgesetzt, und das Ergebnis werden unvermeidliche Konflikte und deren Folgen, Verwirrung, Chaos und Zerstörung sein.

5. Wenn einer alle diese Tatsachen erkennt und anerkennt, wird er sich zurückhalten und aufhören, zu wählen und ein Opfer seiner Wahl zu werden. Dies schafft einen radikalen Bruch in der von der Vergangenheit angetriebenen Kontinuität und führt natürlicherweise zur Disziplin des Yoga. Es bewirkt eine totale Verwandlung des Bewußtseins. Der Mensch kann keine Verwandlung in den biologischen Gattungen hervorbringen, er kann aber sein eigenes Bewußtsein einer totalen Verwandlung unterziehen. Dies ist im Sinne des Yoga die eigentliche Begründung der menschlichen Existenz. Das ganze Elend, das der Mensch ererbt hat, ist nur das Ergebnis seiner Unachtsamkeit dieser existentiellen Situation gegenüber.

Ein Bewußtsein, das eine solche radikale Verwandlung durchgemacht hat, wird in Sūtra 6 *dhyānaja-citta* genannt, d. h. ein »aus der Meditation geborenes Bewußtsein«. Es wird als *anāśaya* bezeichnet. Das Wort *āśaya* bedeutet »Ruheort, Zufluchtsort, Gefäß, Behälter«. Das natürliche Bewußtsein ist ein Sammelbekken für vergangene Eindrücke vielfältiger und oft widersprüchlicher Erfahrungen. Es ist daher voll innerer Spannungen (*kleśa*). Alle Handlungen, die von diesem vergangenheitsbedingten Bewußtsein, das allen Menschen gemeinsam ist, motiviert sind, nehmen drei Formen an: hell oder gut, dunkel oder schlecht und eine Mischung der beiden. Die Handlungen, die dem Bewußtsein eines Yogi entspringen, sind weder hell noch dunkel, sondern sie besitzen eine völlig andere Dimension (Sūtra 7). Das Bewußtsein eines Yogi wird *dhyānaja citta* genannt, ein aus der Meditation geborenes Bewußtsein, das *anāśaya* geworden ist. *Anāśaya* heißt: frei von allen Restbeständen oder Spuren der angesammelten Eindrücke der Vergangenheit. Infolgedessen unterscheiden sich die Handlungen eines Yogi radikal von den Handlungen gewöhnlicher Menschen, die keine Yogis sind und deren Bewußtsein vollständig von *āśaya* beherrscht ist, d. h. von den Restbeständen und dem Unrat der Vergangenheit, was ihre Handlungen bestimmt. Diese Handlungen der Nicht-Yogis nehmen, wie schon gesagt, drei Formen an (Sūtra 7). Diese drei Arten von Handlungen säen ihren eigenen Samen in die Geistsubstanz, und dieser reift dann heran entsprechend der ihnen verwandten Eigenschaften oder Merkmale (*guṇas*). Diese Samen werden *vāsanās* genannt. Das Wort *vāsanā* bedeutet: ein der Erinnerung entstammendes Wissen, und im besonderen: die unbewußten Eindrücke in der Psyche, die von guten oder schlechten Handlungen der Vergangenheit übriggeblieben sind. Die Vergangenheit reicht in die Gegenwart herein durch die Erinnerung. Die Erinnerung besteht aus Eindrücken vergangener Erfahrungen und Handlungen. Infolgedessen bleiben diese tief eingeprägten Eindrücke in der Psyche eng miteinander verbunden, selbst wenn sie ursprünglich durch Zeit, Raum und die Umstände der Geburt getrennt waren. Dies verhält sich so aufgrund der Identität zwischen Erinnerung (*smṛti*) und Eindrücken der Vergangenheit (*saṃskāra*). Dies wird in Sūtra 9 dargelegt.

Sūtra 10 sagt, daß diese *vāsanās* oder unterbewußten Eindrücke anfanglos sind, aufgrund des in ihnen enthaltenen Lebensdranges oder -wunsches (*āśis*).

Was soll man also tun? Sūtra 11 beantwortet diese Frage. Wenn man bereit ist zu erforschen, wie das vergangenheitsbedingte Rad des *karma* immer durch *āśis* in Bewegung gehalten wird, wird man entdecken, daß diese Bewegung vier Elemente umfaßt, und zwar: ein egozentrisches Motiv (*hetu*); die daraus entspringenden Folgen; das Material, das diese Folgen trägt, und die Abhängigkeit von diesem Material. Einer, der diese vier der Bewegung des *karma* zugrunde liegenden Faktoren entdeckt hat, wird auch einen Weg finden, um das Rad zu bremsen und schließlich zum Stillstand zu bringen. Dies ist der Weg der Negation (*abhāva*). Höre auf, zu wählen und damit das Rad des *karma* zu motivieren. Diese negative Tat wird das Keimen der Samen der Handlungen verhindern. Wenn das Keimen ausbleibt, wird das zugrunde liegende Material steril bleiben. Dies wird die Neigung, von irgendeinem materiellen oder äußeren Objekt abzuhängen, aufheben.

Dieser Vorgang der Aufhebung der vier Faktoren, die den Handlungen der Nicht-Yogis zugrunde liegen, führt zu einer bedeutenden Entdeckung. Diese Entdeckung enthüllt das Geheimnis der Zeit, die sich als Vergangenheit und Zukunft manifestiert. Die Vergangenheit (*atīta*) existiert weiter in der Gegenwart durch die Erinnerung der Eindrücke vergangener Erfahrungen und Handlungen, die die unbewußte Substanz der Psyche ausmachen. Und die Zukunft, die noch kommen wird (*anāgata*), ist schon in dieser unbewußten Substanz der Psyche enthalten wie die Frucht in dem Samen. Ein Mangosamen muß notwendig eine Mangofrucht hervorbringen und keine andere. Und obwohl der Same ein Ergebnis der Vergangenheit ist, trägt er in seiner Substanz die Frucht, die in der Zukunft reifen wird. Diese Zukunft, die von der Vergangenheit bestimmt ist, existiert in der Gegenwart in der materiellen Substanz des Samens. Die Wege der Vergangenheit und der Zukunft unterscheiden sich nur in ihren verschiedenen Richtungen (*adhva-bheda*). Aber das Material, auf dessen Grundlage Vergangenheit und Zukunft auf ihre je eigene Weise wirken, behält seine eigene Identität (*svarūpa*) zu allen Zeiten.

Die Bewegung, die das besondere Merkmal der Zeit oder Zeitlichkeit ist, impliziert notwendig die Bewegung eines Gegenstandes oder einer Substanz. Gäbe es keinen Gegenstand, so gäbe es auch keine Bewegung und daher keine Zeit als Vergangenheit oder Zukunft.

Daher durchschaut die Energie, deren Formen die Objekte sind und die sich im Menschen ihrer selbst bewußt wird, die verschiedenen Bewegungen der Vergangenheit und der Zukunft und wird so von der Identifizierung mit ihnen befreit. Ein solches befreites Bewußtsein ist daher zeitlos.

Sūtra 13 besagt, daß die Eigenschaften eines Objektes oder der objektiven Welt entweder offenbar (*vyakta*) oder nicht offenbar, d. h. fein und unsichtbar (*sūkṣma*), sind. Das, was sich in seiner eigenen Identität befindet (*svarūpataḥ asti*, IV 12), ist entweder sichtbar oder subtil und unsichtbar, und zwar deshalb, weil es aus *guṇas* besteht oder aus dem Komplex der dreifachen Energien, die in Sūtra 18 des II. Teiles erwähnt werden. Es ist ein Komplex dieser dreifachen Energien (*guṇas*), die sich ständig gegenseitig beeinflussen, der die Objekte sichtbar macht und vor dem Auge oder dem Geist erscheinen läßt. Wenn es kein solches In-Erscheinung-Bringen gibt, bleibt die Materie (d. h. die drei Energien), aus der die Objekte bestehen, unoffenbar oder unsichtbar. Obwohl die Materie unsichtbar ist, hört sie doch nicht auf zu existieren.

Dies konfrontiert uns unmittelbar mit dem »was ist«, oder mit der Substanz, aus der das Universum besteht. Die folgenden Sūtren, die im nächsten Kapitel besprochen werden, werfen Licht auf diese »Substanz«, die *vastu*, Ding oder Wirklichkeit, genannt wird.

B Mensch, Bewusstsein und Welt
(Sūtren 14–24)

14 *pariṇāma-ekatvād vastu-tattvam.*
Die den Dingen zugrunde liegende Wirklichkeit* beruht auf ihrer Einheit in der Verwandlung.

15 *vastu-sāmye citta-bhedāt tayor vibhaktaḥ panthāḥ.*
Auch wenn die Wirklichkeit dieselbe ist, unterscheiden sich die Wege von Gegenstand und Bewußtsein wegen der Verschiedenheit des individuellen Bewußtseins.

16 *na ca ekacitta-tantraṃ vastu tad-apramāṇakaṃ tadā kiṃ syāt.*
Die Sache ist nicht von einem einzigen Bewußtsein abhängig, weil es nicht erwiesen ist – denn wie könnte sie sonst existieren?

17 *tad-uparāga-apekṣitvāc cittasya vastu jñāta-ajñātam.*
Eine Sache wird erkannt oder nicht erkannt, je nach der Leidenschaft des Denkens**.

18 *sadā jñātāś citta-vṛttayas tat-prabhoḥ puruṣasya apariṇāmitvāt.*
Die seelisch-geistigen Vorgänge (*citta-vṛtti*) sind ihrem Herrn immer bekannt, weil der Puruṣa keinen Wandlungen unterworfen ist.

* Anm. d. Übers.: *Vastu* wird hier jeweils mit Wirklichkeit, Sache oder Ding übersetzt (vgl. Glossar).

** Anm. d. Übers.: Man könnte *tad-uparāga* auch übersetzen als »entsprechend der Färbung des Denkens (durch den Gegenstand)«.

19 *na tat sva-ābhāsaṃ dṛśyatvāt.*
Das Bewußtsein ist nicht selbst-erleuchtend, weil es zum »Gesehenen« gehört.

20 *ekasamaye ca ubhaya-anavadhāraṇam.*
Es kann nicht beide (Gesehenes und Sehenden) zur gleichen Zeit erkennen.

21 *citta-antara-dṛśye buddhi-buddher atiprasaṅgaḥ smṛti-saṃkaraś ca.*
Wenn ein Bewußtsein von einem anderen Bewußtsein wahrgenommen werden könnte, dann würde sich ein absurder Regressus von Intelligenz zu Intelligenz ergeben und Verwirrung des Gedächtnisses folgen.

22 *citer apratisaṃkramāyās tad-ākāra-āpattau sva-buddhisaṃvedanaṃ.*
Wenn der Geist (*citi*), dem die Gestalt eines Objektes gegenwärtig ist, unverändert bleibt, dann wird er sich seiner eigenen Intelligenz bewußt.

23 *draṣṭṛ-dṛśya-uparaktam cittaṃ sarva-artham.*
Wenn das Bewußtsein sowohl den »Sehenden« wie das »Gesehene« widerspiegelt, wird es allumfassend.

24 *tad asaṃkhyeya-vāsanābhiś citram api para-arthaṃ saṃhatyakāritvāt.*
Obwohl das Bewußtsein von unzähligen unterbewußten Eindrücken vielfältig gefärbt ist, dient es einem anderen (dem Puruṣa), weil es in Gemeinsamkeit (mit ihm) wirkt.

KOMMENTAR

Jeder gewöhnliche Mensch, der kein Yogi ist und dessen Handlungen hell, dunkel oder gemischt sind, wird früher oder später entdecken, daß alle seine Handlungen egozentrisch motiviert sind, und so erkennen, was in Sūtren 7 bis 13 beschrieben wird, wie wir es im letzten Kapitel besprochen haben. Wenn man diese Erkenntnis erlangt hat, wird einem plötzlich die Tatsache bewußt, daß das Prinzip, das der Objektivität eines Gegenstandes oder der äußeren Welt (*vastu*) zugrunde liegt, ein einziges ist. Es ist dies ein ständiger Wandel (*pariṇāma*). Das Ding (*vastu*) würde immer unfaßbar und unerkennbar bleiben, wenn seine Existenz nicht eine für das Auge oder das Denken deutlich wahrnehmbare Gestalt annähme. Das heißt, das Ding muß sich in einer wahrnehmbaren Gestalt zeigen, um dem Beobachter seine Existenz anzukünden. Dies kann nur geschehen, wenn das Ding von Augenblick zu Augenblick eine Wandlung durchmacht und fest genug wird, um sichtbar zu sein. Dies ist das In-Erscheinung-Treten des Dinges. *Vastu* ist von Natur aus entweder sichtbar oder unsichtbar. Alles, was wir sehen und dessen wir uns bewußt werden, erleidet einen ständigen Wandel. Eine frische Blüte, die man nach einer bestimmten Zeit wieder sieht, scheint ihre Frische verloren zu haben. Sie hat durch das bloße Vergehen der Zeit einen Wandel erlitten. Ein glänzendes Stück Stoff, das man in eine Kiste einschließt und nach einem Jahr oder mehr herausnimmt, scheint durch das bloße Vergehen der Zeit seinen Glanz eingebüßt zu haben. Die Zeit ist das, was sich von Augenblick zu Augenblick bewegt, indem es Wirkungen oder Veränderungen hervorbringt. Und die angesammelte Wirkung vieler Momente zusammen wird zu einem dem Auge oder dem Denken wahrnehmbaren Objekt. Dies ist die Erscheinung dessen, was wir Gegenstand nennen. Alles, was so in Erscheinung tritt, macht weiter eine Verwandlung von Augenblick zu Augenblick durch, bis schließlich das, was offenbar war, unoffenbar wird.

Die Objektivität besteht also aus einer Bewegung in der Zeit vom Unoffenbaren zum Offenbaren und dann wieder vom Offenbaren zum Unoffenbaren. Dies stellt das existentielle Wesen aller Objekte und der objektiven Welt als ganzer dar. Dies ist in Sūtra 14 gemeint und enthalten.

Was aber ist das Bewußtsein (*citta*)? Ist es auch ein Objekt (*va-*

stu)? Oder ist es etwas anderes? Diese Frage wird in den Sūtren 15 bis 17 beantwortet.

Wir haben schon in Sūtren 4 und 5 erfahren, daß jedes individuelle Bewußtsein die Schöpfung der »Ich-bin-heit« (*asmitā*) ist, und daß das Wählenkönnen und die wählende Aktivität jedes individuellen Bewußtseins verschieden ist. Aber das, was hinter dieser wählenden Tätigkeit des individuellen Bewußtseins liegt und was diese hervorruft, ist ein allen Individuen gemeinsames Bewußtsein oder eine Geistsubstanz. Diese gemeinsame Geistsubstanz ist ein sehr subtiles Erzeugnis des Stromes der Natur. Warum und wie teilt sich diese gemeinsame Geistsubstanz in verschiedene Individuen, und warum wählt und entscheidet jedes dieser Individuen anders als die anderen? Die Antwort lautet: Wenn das Bewußtsein aufgrund der zeitlichen Vorgänge der Natur in Erscheinung tritt, und vor allem, wenn es in einem menschlichen Wesen auftritt, wird es von den individuellen Wünschen und Entscheidungen, die in jedem Individuum verschieden sind, beeinflußt. Daher ist im Menschen noch etwas anderes zutage getreten als der zeitliche Fluß der Natur. Dies ist das »reine Sehen«, was dem Menschen alles andere außer ihm selbst bewußt macht. Dieses »reine Sehen« ist auch allen menschlichen Wesen gemeinsam. Deshalb ist ein Gegenstand wie z. B. ein Baum ein Baum für alle Menschen. Dies ist wahr in bezug auf alle Dinge und die ganze objektive Welt.

Aber mit dem »reinen Sehen« ist noch etwas anderes in Erscheinung getreten, und zwar die Freiheit zu wählen. Diese gehört nicht der Natur an und kann auch kein Erzeugnis ihrer zeitlichen Bewegung sein. Denn was die Natur erzeugt, ist immer allen Beobachtern gemeinsam. Dies ist das entscheidendste Kennzeichen der Gegenständlichkeit. Daher ist im Menschen etwas Neues und von der Gegenständlichkeit Verschiedenes aufgetreten. Dieses Neue und Verschiedene ist die Freiheit. Sie unterscheidet den Menschen vom Rest der Schöpfung. Aber obwohl diese Freiheit in jedem Menschen angelegt ist, wird sie von den einzelnen meist unter dem Einfluß der Vergangenheit oder der Zeitlichkeit ausgeübt. Der Mensch neigt dazu, sich – den »Sehenden« in ihm – mit der vorstellenden, subjektiven Bewegung seines Denkens, d. h. mit seinen *vṛttis*, zu identifizieren. Und wenn er sich so in *vṛtti-sārūpya* verstrickt, verliert er das Bewußtsein des völlig freien »reinen Sehens«, das eigentlich seine Wesensidentität ausmacht. Die ganze Bemühung des Yoga zielt darauf hin, das »Menschliche im Menschen« aus dieser Verstrickung zu befreien und ihn in seiner Wesensidentität (*svarūpa*) zu verankern.

Wenn jemand ein rechtes Verstehen der existentiellen Situation erlangt hat, erkennt er, daß die Wege der Dinge (*vastu*) und die Wege des individuellen Bewußtseins (*citta*) voneinander verschieden sind (Sūtra 15). Er sieht auch ein, daß sein individuelles Bewußtsein die Wege der objektiven Welt (*vastu*) nicht verändern kann. Die Welt unterwirft sich in keiner Weise der Tätigkeit seines Bewußtseins. Wenn man annimmt, daß man die Wege der objektiven Welt, die man nicht gemacht hat und über deren Wesen, Struktur und innere Vorgänge man fast nichts weiß, beeinflussen kann, so überträgt man nur seine Einbildung auf eine Tatsache. Dies kann keine Gültigkeit haben. Was würde geschehen, wenn es so wäre, oder wie könnte die Sache sonst sein? Einerseits haben wir das individuelle Bewußtsein und seine Tätigkeiten, auf der anderen Seite die Vorgänge der objektiven Welt (*vastu*). Wie können diese beiden je in eine sinnvolle Beziehung treten? Diese Frage wird in Sūtra 16 gestellt. Es ist die grundlegendste Frage – die Frage aller Fragen. Sie kann nicht von einem Individuum beantwortet werden, das sich irgendwelchen Vorstellungen oder Überlegungen hingibt, denn wir haben schon gesehen, daß die Wege des individuellen Bewußtseins und der objektiven Welt völlig auseinandergehen.

Daher kann weder die Vorstellung noch die Spekulation, weder logisches noch experimentelles Denken, kurz, keine *citta-vṛtti*, diese Frage beantworten. Die *citta-vṛttis* müssen aufhören, damit die richtige Antwort aufscheinen kann.

Sūtra 17 enthält diese richtige Antwort. Es sagt, daß das Bewußtsein oder Denken (*citta*) eine angeborene Leidenschaft für die Objekte der Welt (*vastu*) besitzt. Diese Leidenschaft (*uparāga*) ist keine *vṛtti*. Sie ist ein existentieller Imperativ, eine existentielle

Notwendigkeit für das Überleben aller Lebewesen, den Menschen inbegriffen. Der Mensch will nicht sterben. Er will leben. Und leben heißt, in einer sinnvollen Beziehung mit der objektiven Welt stehen. Leben heißt, mit der objektiven Welt vital verbunden sein, und zwar in einer Weise, die die existentielle Dreiheit von Alleinsein, Anderssein und Gemeinsamkeit erhellt.

Der Hunger treibt einen dazu, Nahrung zu finden, der Durst Wasser zu finden, der Sex, mit dem anderen Geschlecht zu verkehren. Diese Antriebe sind keine *vṛttis* oder Luxusgüter der Einbildung. Sie bedeuten einen existentiellen Imperativ, der in sich das ganze Mysterium des Lebens und des Daseins überhaupt verbirgt.

Sūtra 17 sagt, daß die objektive Welt (*vastu*) bekannt wird bzw. unbekannt bleibt im Maße der Leidenschaft des Geistes. Ohne diese Leidenschaft, die den Menschen zu der objektiven Welt drängt, gäbe es überhaupt kein Wissen von irgend etwas. Wahres Wissen ist nicht Vorstellung, sondern ein leidenschaftliches Gefühl für den Sinn des Lebens, das in einem vibriert, wenn man die fundamentalen Bedürfnisse wie Hunger, Durst und Sex befriedigt hat durch ein entsprechendes Objekt, das sich dem Menschen anbietet. Es gibt ein existentielles Überströmen der Lebensfreude in dieser Erfüllung. Die existentielle Bedeutung der Gemeinsamkeit, der Einsamkeit und der Andersheit wird durch diese Leidenschaft und ihre natürliche Erfüllung erleuchtet. Ohne sie wäre das Leben unfruchtbar und sinnlos.

Aber leider vergißt der Mensch diese existentielle Leidenschaft und ihre Erfüllung. Er hält nicht inne, um über die Bedeutung solcher einfacher, unschuldiger und natürlicher Ereignisse nachzudenken. Sein egozentrischer Geist geht achtlos an solchen Ereignissen vorbei und verlangt immer nach mehr und noch mehr. Er wird gierig, aggressiv, wollüstig und vulgär. Er macht sich nicht bewußt, daß das Überleben, das ein Erfahren und Genießen der objektiven Welt erfordert, nicht nur »mein Überleben« auf Kosten aller anderen bedeutet, sondern das Überleben aller Lebewesen. Und wenn »mein Überleben«, »dein Überleben« und »das Überleben aller Wesen und des Lebens als ganzes« miteinander in Konflikt geraten, sieht sich der Mensch nur dem Leid, dem Elend und der Bedrohung des Lebens auf der Erde gegenüber. Wenn er daher die existentiell klar festgelegte Grenze seiner individuellen Bedürfnisse überschreitet, wird das Bedürfnis zur Gier und der Mensch zu einem Ungeheuer.

Wenn einer all dies beobachtet und sich selbst zurücknimmt und in einem Zustand wahlfreier Bewußtheit in der existentiellen Situation ausharrt, entdeckt er eine neue Offenbarung, die das Geheimnis des Lebens und der Existenz erhellt. Sūtra 18 enthält diese Offenbarung. Es sagt, daß der Puruṣa oder das »Menschliche im Menschen«, das in seinem Körper ruht, unwandelbar ist (*apariṇāmī*). Er erleidet keine Veränderung, wie sie die objektive Welt durchmacht. Die objektive Welt bietet ständig dem Puruṣa oder dem Menschen durch seine Sinne und seinen Geist Erfahrungen an. Sein Bewußtsein wird so durch die Wechselbeziehung mit der Wirklichkeit (*vastu*) angeregt. Diese Anregung dient als Antrieb für die *vṛttis*. Und einer, der diese *vṛttis* sieht und ihre existentielle Bedeutung erkennt, weiß alles über ihre Tätigkeiten, selbst über die subtilsten. Das »Menschliche im Menschen« (*puruṣa*) ist daher immer allwissend. Der *puruṣa* im Menschen läßt sich nie mit irgendeiner *vṛtti* identifizieren. Sein von *vṛttis* freies Bewußtsein erlangt so eine ruhige und kristallklare Transparenz, die alle Dinge und die ganze objektive Welt in ihrer existentiellen Echtheit widerspiegelt.

Wenn dies geschieht, dann sieht man, daß das Bewußtsein (*citta*, das Denken) nicht sich selbst erleuchtet, weil es nun zu dem »Gesehenen«, zum Objekt, geworden ist, das die äußere Welt in seiner Reinheit widerspiegelt (Sūtra 19). Man erkennt auch, daß das Bewußtsein entweder den »Sehenden« oder das »Gesehene« reflektieren kann, aber nicht beide zugleich festhalten oder bestimmen kann (*avadhāraṇa*, Sūtra 20). Es ist nicht das Bewußtsein, das sieht, sondern der »Sehende«, der das Bewußtsein sieht und, durch es hindurch, die objektive Welt. Er erkennt, wie absurd es ist, annehmen zu wollen, daß ein Bewußtsein zum Beobachter des Inhalts eines anderen Bewußtseins werden kann und dieses wieder von einem anderen, ad infinitum. Zum Beispiel, man erfährt Leid oder Schmerz. Wer sieht dieses Leid oder diesen Schmerz? Ist es das Bewußtsein? Wenn ja, wer will von diesem Leid befreit werden? Ein anderes Bewußtsein? Wenn ja, wer versucht, einen Ausweg zu finden? Noch ein anderes Bewußtsein? Und noch ein anderes, und so fort? Wenn man diese Absurdität durchschaut, erkennt man das existentielle Wesen des Bewußtseins, das ein neutrales Bindeglied zwischen dem »Sehenden« und dem »Gesehenen« ist. Das Bewußtsein hört auf, ein richtiges Bindeglied zu sein, wenn der Mensch, der sich seiner existentiellen Menschlichkeit nicht bewußt ist, sich mit den vorstellenden Bewegungen seines Denkens identifiziert, die unweigerlich von vergangenen Eindrücken angetrieben sind.

Solange diese Situation vorherrscht, bleibt der Mensch ohne Einsicht, er wird hinweggeschwemmt und von dem Wirbel der Ereignisse hinweggetragen wie ein totes Holzstück in einem Wildbach. Aber wenn diese Situation aufhört, sieht der Mensch alle Bewegungen seines Geistes, wie er die Bäume, Vögel oder Wolken sieht. Die Erfahrungen dieser Objekte kommen und gehen, ebenso wie die Wolken vorüberziehen und den Himmel wieder klar und ungetrübt zurücklassen. Die »Menschlichkeit« des Menschen ist wie dieser Himmel, in dessen grenzenloser Ausdehnung sich alle Ereignisse dieses Universums abspielen. Der *puruṣa* bleibt völlig unberührt von ihnen, obwohl jedes einen Schauer der Lebensfreude erweckt und dann wieder vorübergeht, ohne in der Geistsubstanz irgendeine Spur von Neigung oder Abneigung zu hinterlassen. Dies ist nur möglich, weil der *puruṣa* existentiell unveränderlich ist (*apariṇāmī*, Sūtra 18).

Wenn man so die *vṛttis* des Bewußtseins beobachtet, wie man die Wolken auftauchen und wieder verschwinden sieht, wird einem mit einemmal bewußt, was die Intelligenz (*buddhi*) bedeutet (Sūtra 22). Intelligent sein heißt, allen Bewegungen des Bewußtseins gegenüber Abstand zu bewahren und so objektiv zu sein. Subjektivität ist nichts anderes als *vṛtti-sārūpya* oder Identifizierung mit den *vṛttis*. Daher muß die Subjektivität aufhören, um der Intelligenz den Platz einzuräumen. Diese Intelligenz befähigt den Menschen, die Dinge zu sehen, wie sie sind, in ihrer existentiellen Echtheit. Dies ist die eigentliche Wahrnehmung der Objektivität.

Sūtren 23 und 24 beschreiben deutlich, was für eine Rolle das Bewußtsein spielt, wenn die Wahrnehmung rein objektiv wird.

Es ist notwendig, hier daran zu erinnern, was uns die vier ersten Sūtren schon über das Bewußtsein mitgeteilt haben. Es ist wichtig zu bemerken, daß die Yoga-Sūtren das Wort *citta* für Bewußtsein, Denken oder Geist verwenden. Sie verwenden kein anderes Synonym wie *manas* oder *antaḥkaraṇa*. Wie wir gesehen haben, stammt das Wort *citta* von der Wurzel *cit*, die bedeutet: sehen, wahrnehmen, erkennen. *Citta* ist das Partizip der Vergangenheit von *cit*. Es bedeutet die Ansammlung der Eindrücke dessen, was man in der Vergangenheit gesehen oder erfahren hat. *Citta* besteht daher aus diesen Eindrücken vergangener Erfahrungen, die sich den Gehirnzellen einprägen. Sie tragen mit sich eine geheime Information, die aus vergangenen Erfahrungen gesammelt ist. Vom Standpunkt der Biologie und der Evolution der Gattungen wird diese Information den Individuen einer Gattung von Generation zu Generation weitergereicht. Ihr Ursprung kann nie genau festgestellt werden. Dies sagen uns auch Sūtren 7 bis 13, und besonders bezieht sich Sūtra 10 auf die anfanglose Eigenschaft der vergangenen Eindrücke, die eine solche verborgene Information mit sich tragen.

Das Denken wird aktiv durch die Wechselbeziehung, die ständig zwischen dem »Sehenden« und dem »Gesehenen« bzw. dem Menschen und der objektiven Welt vor sich geht. Es gehört zum Wesen des Denkens und der Gehirnzellen, alles, was man sieht, und alle Reaktionen, die das Gesehene im Bewußtsein auslöst, zu registrieren. Die Aufzeichnungen dieser Reaktionen werden *saṃskāras* genannt, und diese sind das Rohmaterial der Erinnerung. Sūtra 9 sagt, daß *smṛti*, die Erinnerung, und *saṃskāra*, die vergangenen Eindrücke, dieselbe Natur haben.

Wenn man aufgrund der ständig vor sich gehenden Wechselbeziehung zwischen dem »Sehenden« und dem »Gesehenen« etwas Interessantes oder Fesselndes sieht, wird die Erinnerung sofort erregt. Infolgedessen neigt man dazu, diese Begegnung zwischen dem »Sehenden« und dem »Gesehenen« im Zusammenhang mit der Vergangenheit zu verstehen, mit der man schon vertraut ist. Auf diese Weise überschattet die Vergangenheit die immer aktive und lebendige Gegenwart. Die reine Wahrnehmung wird so von der Vergangenheit gefärbt und entstellt. Vorstellung und Denken treten an die Stelle von Tatsachen. Und der teuflische Kreislauf der Verwechslung von Tatsache und Einbildung setzt sich von einer Erfahrung zur anderen, von einer Generation zur anderen fort. Wir haben schon gesehen, wie dieser Teufelskreis gebrochen werden kann und wie die Verstrickung des Menschen in ihn durch die Disziplin des Yoga gelöst werden kann.

Sūtren 23 und 24 besagen, wenn die Wahrnehmung rein und völlig objektiv wird, bleibt das Bewußtsein still und regungslos. Es wird so neutral wie ein reiner Kristall, der die Farben der Gegenstände in seiner Nähe spiegelt, ohne auch nur eine Spur von diesen Farben aufzuweisen, wenn die Gegenstände aus seiner Umgebung entfernt werden. Dies ist wirklich die Wesenseigenschaft des Bewußtseins: das, »was ist«, in seiner existentiellen Reinheit und Echtheit zu reflektieren. Es ist diese Eigenschaft, die bei einer reinen und ganz objektiven Wahrnehmung zur Wirkung kommt. Sūtra 23 sagt, daß das Bewußtsein, wenn es die zwei unterschiedenen Wirklichkeiten – den »Sehenden« und das »Gesehene« – in ihrer existentiellen Reinheit widerspiegelt, alle Objekte umfaßt (*sarvārtham*). Dies wird möglich, weil die *vṛttis* nicht mehr das, »was ist«, zerstreuen, stören oder verkehren. Der »Sehende« auf der einen Seite und das »Gesehene« oder die objektive Welt auf der anderen erschöpfen gemeinsam das ganze Universum. Das Bewußtsein, das sich in einem Zustand der Stille befindet, wirkt wie ein fleckenloser Spiegel, in dem sich sowohl der »Sehende« wie das »Gesehene« in ihrer existentiellen Verschiedenheit widerspiegeln. Diese Verschiedenheit besteht nur in einem Punkt, und zwar ist das »Gesehene« oder die objektive Welt zeitlich und immer in Veränderung begriffen, während der »Sehende« zeitlos und wandellos ist.

Sūtra 24 sagt uns, daß das Bewußtsein nicht für sich selbst da ist, sondern für das Wohl eines anderen, des *puruṣa*. So wie die

Dinge und die objektive Welt für einen anderen (*parārtha*) existieren, wie es in Sūtra 18 des II. Teiles heißt, so existiert auch das Bewußtsein für einen anderen. Alles, was in der Zeit besteht, existiert nur für einen anderen. Was sich nicht aus Zeitlichkeit zusammensetzt, sondern in einem Blitzstrahl der Erleuchtung alles sieht, was von der Zeitlichkeit abhängt, existiert nur für sich selbst (*svārtha*). Dies ist das existentielle Wesen des »Sehenden«, während *citta*, das Bewußtsein oder Denken, wie wir gesehen haben, aus den Eindrücken vergangener Erfahrungen besteht und so ein Erzeugnis der Zeitlichkeit ist. Aber *citta* unterscheidet sich von allen zeitlichen Dingen in einer Hinsicht. Da es *citta* ist, enthält es ein Element von *cit* – Geistigkeit, und wenn daher *cit*, das reine geistige Bewußtsein und die Schaukraft des »Sehenden«, von allen Schatten der Vergangenheit gereinigt wird, wird *citta* zur reinen Leere, die fähig ist, alles zu reflektieren. Und selbst wenn dieses *citta* von unzähligen Eindrücken gefärbt wird, bewahrt es doch sein existentielles Wesensmerkmal, nämlich seinem Herrn, dem »Sehenden«, zu dienen (Sūtra 18). In Wahrheit besteht die existentielle Daseinsbegründung des Bewußtseins darin, dem »Sehenden« beizustehen, damit er seine eigene Identität verwirklichen kann (II 23).

Was geschieht, wenn man die Daseinsbegründung des Bewußtseins und der objektiven Welt ganz verstanden hat, wird in den folgenden Sūtren beschrieben.

C Schöpferische Freiheit

(Sūtren 25–34)

25 *viśeṣa-darśina ātma-bhāva-bhāvanā-nivṛttiḥ.*
Derjenige, der die einzigartige Schau (des *puruṣa*) besitzt, wird befreit von der Vorstellung der Selbstbezogenheit.

26 *tadā viveka-nimnaṃ kaivalya-prāgbhāraṃ cittam.*
Dann neigt sich das Bewußtsein der (Erkenntnis durch) Unterscheidung zu und strebt von selbst zur Freiheit (*kaivalyam*).

27 *tac-chidreṣu pratyaya-antarāṇi saṃskārebhyaḥ.*
In den Zwischenräumen des Bewußtseins tauchen aufgrund der unterbewußten Eindrücke wieder andere Vorstellungen auf.

28 *hānam eṣāṃ kleśavad uktam.*
Es heißt, daß man diese (unterbewußten Eindrücke) ebenso beseitigen soll wie die leidvollen Spannungen (*kleśa*).

29 *prasaṃkhyāne'py akusīdasya sarvathā viveka-khyāter dharma-meghaḥ samādhiḥ.*
Wenn einer, obwohl er inneren Reichtum angesammelt hat, auf den Gewinn daraus verzichtet, führt ihn diese allumfassende Unterscheidungsschau zu der Versenkung, die »Wolke der ewigen Ordnung« genannt wird (*dharma-megha-samādhi*).

30 *tataḥ kleśa-karma-nivṛttiḥ.*
Dadurch hört die Wirkung der leidvollen Spannungen und der Handlung auf.

31 *tadā sarva-āvaraṇa-mala-apetasya jñānasya ānantyāj jñeyam alpam.*
Dann bleibt aufgrund der Unendlichkeit der Erkenntnis, von der alle Hüllen der Unreinheit entfernt sind, nur wenig zu erkennen übrig.

32 *tataḥ kṛta-arthānāṃ pariṇāma-krama-samāptir guṇānām.*
Daher enden die aufeinanderfolgenden Verwandlungen der Kräfte der Urnatur (*guṇas*) für solche, die das Ziel erreicht haben.

33 *kṣaṇa-pratiyogī pariṇāma-aparānta-nirgrāhyaḥ kramaḥ.*
(Zeitliche) Aufeinanderfolge (*krama*) wird (nur dann) beobachtet, wenn die Verwandlung, die den einzelnen Momenten zukommt, ans Ende gelangt ist.

34 *puruṣa-artha-śūnyānāṃ guṇānāṃ pratiprasavaḥ kaivalyaṃ svarūpa-pratiṣṭḥā vā citi-śaktir iti.*
Die den Kräften der Urnatur (*guṇas*), die nun für den »inneren Menschen« (*puruṣa*) sinnlos geworden sind, entgegengesetzte Strömung ist Freiheit (*kaivalyam*), das Gegründetsein in der eigenen Wesensidentität oder die Kraft der geistigen Schau.

KOMMENTAR

Wir nähern uns nun dem Ende der Reise. Sie hat mit dem Wort *atha* begonnen und hört nun mit dem Wort *iti* auf. *Atha* und *iti* bezeichnen jeweils den Anfang und das Ende.

Die Logik der Disziplin des Yoga, die mit Sūtra 1 des I. Teiles begonnen hat, endet in einer schöpferischen Bewegung, die der zeitlichen Bewegung der äußeren Welt entgegengesetzt ist. Diese schöpferische Bewegung ist Freiheit (*kaivalyam*). Sie begründet den Menschen in seiner Wesensidentität, die nun ewig erfüllt ist von der Kraft der geistigen Schau (*citi-śakti*). Und dies ist das Ende (*iti*) der Disziplin des Yoga.

Die hier betrachteten Sūtren beschreiben, was geschieht, wenn das Bewußtsein durch die Disziplin des Yoga seine existentielle Eigenschaft wiedergewinnt, sich nicht ständig zwischen den beiden Polen der existentiellen Situation, dem »Sehenden« und dem »Gesehenen« hin und her zu bewegen. Wie wir gesehen haben, besteht die existentielle Situation aus drei grundlegenden Faktoren: dem »Sehenden«, dem »Gesehenen« oder der objektiven Welt, und dem Vermittler, durch den der »Sehende« die Objekte der Welt aufnimmt und so mit ihr existentiell in Beziehung tritt. Damit diese Beziehung wahr, sinnvoll und erfüllend sein kann, muß sie sich immer in Harmonie mit der existentiellen Situation befinden. Alle anderen Arten von Beziehungen, die meist von der vorstellenden und wählenden psycho-mentalen Bewegung hervorgerufen werden, sind gar keine Beziehungen, sondern traumhafte Phantasien der Einbildung, was immer für Formen sie annehmen mögen und wie groß auch immer das gesellschaftliche Ansehen sein mag, das sie erlangen.

Das grundlegende Problem des Menschen ist daher das Problem der Beziehung. Da alle Beziehungen nur durch das Bewußtsein (*citta*) Gestalt annehmen, beschäftigt sich der Yoga Darśana ganz mit dem Wesen und der Struktur des Bewußtseins und seiner völligen Verwandlung in bezug auf die existentielle Situation. Wenn die Verwandlung wahr und schöpferisch sein soll, muß sie sich im Bewußtsein des Menschen vollziehen und nirgendwo anders. Solange das Bewußtsein oder der Geist in der vorstellenden, wählenden und wünschenden Bewegung befangen ist, muß es notwendigerweise die existentielle Situation verkehren und zu Verwirrung, Konflikt, Elend und Chaos führen. Yoga Darśana bietet einen Ausweg aus dieser Tragödie, die der Mensch ererbt hat aufgrund seiner Unfähigkeit, die existentielle Situation zu sehen und zu verstehen. Wenn man dies einmal verstanden hat, dann wird die menschliche Situation, die anfangs als so bedrückend und einengend erfahren wurde, so transparent, daß sogar die dreifachen kosmischen Kräfte, deren ewig sich wandelnde Erscheinung die Welt ist, sozusagen dem Menschen dienstbar werden, damit er mit ihrer Hilfe die Not seiner existentiellen Situation in Freiheit auflösen und in eine ewig neue Schöpfung verwandeln möge.

Sūtra 25 sagt, daß ein Mensch, der das in den früheren Sūtren Dargelegte verstanden und sich gründlich angeeignet hat, eine neue Schau erhält. Diese Schau ist einzigartig, weil nichts mit ihr Vergleichbares je vorher existiert hat, denn diese Schau transzendiert die Zeitlichkeit und schwingt im Innern des Menschen selbst in einer zeitlosen Dimension. Diese Schau macht der Ichhaftigkeit und allen Formen der Selbstbefriedigung, die durch sie ausgelöst werden, ein Ende.

Sūtra 26 stellt fest, daß das Bewußtsein durch das völlige Ausschalten jeder Egozentrizität oder Selbstbezogenheit eine völlig neue Eigenschaft gewinnt. Tatsächlich erlangt es wieder seine existentielle Reinheit, die durch die Auswirkungen der Egozentrizität verdorben wurde. Das so von allen egozentrischen und eingebildeten Abweichungen befreite Bewußtsein wird rein und kristallklar. Aufgrund dessen wird es mit unterscheidender Erkenntnis erfüllt und richtet sich ganz auf die Freiheit aus. Auf die Freiheit ausgerichtet zu sein bedeutet, sich von der Verstrickung in den verrückten Wirbel der Zeitlichkeit zurückzuhalten. Dies ist die grundlegende Voraussetzung für eine immer neue und sich erneuernde schöpferische Schau.

Selbst dann bleibt die natürliche Geistsubstanz so empfänglich und flexibel, daß sie weiterhin Eindrücke verschiedener Erfahrungen aufnimmt. Dies sind Augenblicke der Unachtsamkeit im Leben jedes Menschen, so wachsam, aufmerksam und intelligent er auch sein mag. Diese Augenblicke der Achtlosigkeit sind wie Löcher (*cchidra*) in der Geistsubstanz. Sie werden von den Eindrükken sich immer wiederholender Erfahrungen ausgefüllt wie die Poren einer porösen Substanz, wie z. B. ein Schwamm, durch das Wasser, das man in ihn gießt. Dies wird in Sūtra 27 dargelegt. Und Sūtra 28 sagt, daß diese Ansammlungen, sooft es nötig ist, ausgedrückt werden sollen. Es ist leicht, aus einem Schwamm das ganze angesammelte Wasser auszudrücken. Aber die Poren des Geistes können nur auf eine Weise von all ihren Unreinheiten entleert werden. Es ist dies dieselbe Methode, mit der man die leidvollen Spannungen entfernt, wie es in Sūtra 10 und 11 des II. Teiles angedeutet wird. Dies ist der Weg von *pratiprasava*, der »Gegenströmung«, und *dhyāna*, der Meditation.

Wenn dies vollzogen ist, wird man mit einem grenzenlosen Reichtum beschenkt. Dies geschieht, weil das Bewußtsein, das aufgehört hat, sich entweder auf den »Sehenden« oder auf das »Gesehene« hin zu bewegen, und nur mehr beide in ihrer existentiellen Reinheit widerspiegelt, allumfassend wird (Sūtra 23). Und einer, der sich nicht wie ein Geldverleiher verhält, sondern große Summen Geldes besitzt, aber nicht damit handelt, um persönlichen Gewinn zu erlangen, der es vielmehr mit allen teilt, die daran teilhaben wollen, und ganz in unterscheidender Erkenntnis gegründet bleibt, erreicht eine qualitativ verschiedene und höhere Stufe der Versenkung. Diese wird *dharma-megha-samādhi* genannt (Sūtra 29).

Das Wort *dharma-megha* bedeutet wörtlich »die Wolke der kosmischen Ordnung«. *Dharma* in seiner alten vedischen Bedeutung heißt »kosmische Ordnung«, und *megha* bedeutet (Regen-) Wolke. Damit wird angedeutet, daß derjenige, der so lebt, wie es in Sūtra 29 dargestellt ist, sich in völliger Harmonie mit der kosmischen Ordnung befindet. Es deutet auch durch das Wort *megha* an, daß diese außerordentliche Versenkung wie eine Wolke angefüllt ist mit den ewigen Wassern des Lebens und auf die Welt herabregnen und sie mit ihren unsterblichen, lebenspendenden Wassern segnen kann. Mit anderen zu teilen, was man hat, ist eine Erfahrung der unendlichen Seligkeit kosmischer Gemeinschaft.

Sūtra 30 besagt, daß *dharma-megha-samādhi* zur völligen Auflösung aller Verkehrungen und Spannungen der aus ihnen geborenen Handlung führt. In Sūtra 31 heißt es, daß nach der Aufhebung der leidvollen Spannungen und der von ihnen verursachten Handlungen alle Hüllen der Befleckungen, die das Bewußtsein verdecken, entfernt werden. Da das Bewußtsein die einzige Vermittlung für die Erkenntnis ist, wird ein völlig gereinigtes Bewußtsein fähig zur Allwissenheit. Außerhalb der unendlichen Reichweite eines solchen Geistes bleibt nur wenig, was noch zu erkennen wäre.

Sūtra 32 beschreibt den Menschen, der ein solches Bewußtsein besitzt und der mit einer solchen Allwissenheit gesegnet ist, als einen, der sein Ziel erreicht hat, dessen Zwecke erfüllt sind (*kṛtārtha*). Für einen solchen Menschen hören die kausalen Wirkungen der objektiven Welt auf. Er ist befreit aus dem Gefängnis der Kausalität, deren unermüdliche Bewegung durch die dreifachen kosmischen Kräfte (*guṇas*) in Gang gehalten wird.

Sūtra 33 erklärt *krama* oder die Aufeinanderfolge der Kausalität. Es stellt fest, daß die Kausalität zeitlicher Natur ist. Die Zeit ist eine sich ewig fortsetzende Aufeinanderfolge von Momenten (*kṣaṇa*). Sie ist so subtil, daß man sie nicht beobachten kann. Sie wird nie zu dem »Gesehenen«, zum Gegenstand. Aber eine angesammelte Wirkung, die von diesen zeitlichen Folgen verursacht ist, wird als Gegenstand sichtbar und daher erkennbar. Von dieser Erkenntnis schließt man, daß dieser Gegenstand das Ergebnis der Aufeinanderfolge vieler vergangener Momente ist, die nie wiederkehren. Die Wirkung ist daher ein Ergebnis einer Reihe unsichtbarer Momente, die wir »Zeit« nennen. Wenn die Wirkung (*pariṇāma*) in Form eines Objektes gegenwärtig ist, ist die Reihe der unsichtbaren Momente der Zeit, die sie hervorgebracht hat, nicht mehr vorhanden. Daher ist die Wirkung das Gegenstück (*pratiyogī*) zu dem Augenblick (*kṣaṇa*) oder der Zeit. Diese Zeit ist eindimensional. Alle dreidimensionalen Objekte werden von der Zeit hervorgebracht, die in Wirklichkeit aus einer Reihe getrennter Momente besteht. Die meßbare Zeit und der meßbare Raum sind die Illusionen eines Geistes*, der in vergangenen Eindrücken befangen ist, die von der Erinnerung lebendig erhalten werden. Diese Maße der Zeit und des Raumes können nie eine Lösung für das Rätsel des Universums bieten, nicht einmal auf der bloß physikalischen Ebene. Die Zeit ist selbst ein Rätsel; da sie ganz innerlich, unsichtbar und unerkennbar ist, bietet sie sich nicht für das Gemessenwerden an. Ein Geist ist unfähig, das Unermeßliche zu erfassen: die Zeit als die sich schnell bewegende und subtile Folge nicht beobachtbarer Momente. Diese Aufeinanderfolge wird nach

* Anm. d. Übers.: Das Sanskrit-Wort *māyā* (Illusion) kommt von der Wurzel *mā*, messen.

dem Yoga durch das Zusammenspiel der dreifachen kosmischen Energien ausgelöst (vgl. II 18). Auch das Bewußtsein ist das Ergebnis dieser dreifachen Kräfte, allerdings besitzt es die einzigartige Fähigkeit, dem Menschen, dem »Sehenden«, Erfahrungen der objektiven Welt zu vermitteln. Daher muß man die Wirkungen des Bewußtseins erforschen und gründlich verstehen, bevor man irgend etwas anderes recht verstehen kann. Dies tut der Yoga Darśana in all diesen Sūtren.

Wenn man diesen Weg so weit gegangen ist, wie die Sūtren es von einem erwarten, dann gelangt man an einen Punkt, wo sich das existentielle Wesen der objektiven Welt vor den Augen offenbart. Nun enthalten die von Zeit und Kausalität beherrschte Welt und ihre subtilen Wirkungen für das Auge des Yogi kein Geheimnis mehr. Sobald dies geschieht, beginnen die kosmischen Kräfte, die die Welt erhalten, dem Yogi alle ihre Macht mitzuteilen. In Wirklichkeit können sie ihm nichts Neues oder Bedeutungsvolles bieten, da ihre eigentliche Existenzberechtigung in bezug auf den Yogi aufgehört hat. Sie beginnen daher, sich gegen den Strom ihrer eindimensionalen Zeitlichkeit zu bewegen und durch den Yogi schöpferisch zu werden. Dies wird in Sūtra 34 *pratiprasava* genannt. Einer, dessen bloße Gegenwart die zeitlichen kosmischen Kräfte in eine immer neue Kreativität in völliger Freiheit verwandelt, wird als in seiner Wesensidentität gegründet angesehen. Diese Wesensidentität ist auch als *citi-śakti* oder geistige Schaukraft bekannt.

Solange das »Gesehene« die Sicht des Menschen bestimmt, bleibt die »sehende Energie« schlummernd und inaktiv. Aber in dem Moment, in dem der Mensch erkennt, daß er der »Sehende« ist, der das »Gesehene« betrachtet, wird das letztere ein Instrument seiner sich ewig erneuernden schöpferischen Freiheit.

Hier endet der Yoga: in der Schaffung eines neuen Bewußtseins, eines neuen Menschen und einer neuen Welt. Der Yoga öffnet so unendliche Möglichkeiten der Seligkeit und des Glückes für die Menschheit durch das Erwecken der geistigen Kraft der Schau, die ewig frei und unendlich schöpferisch ist und erfüllt von Wahrheit, Güte und Schönheit.

Glossar der wichtigsten Sanskrit-Begriffe

abhāva: Nicht-Existenz, Abwesenheit.
abhiniveśa: Lebenswille, Lebensdrang, bzw. Todesfurcht, Selbsterhaltungstrieb; einer der fünf *kleśas*.
abhyāsa: Übung, das Einüben oder Praktizieren des Yogaweges, Praxis, das unablässige Bemühen; gemeinsam mit *vairāgya* Bedingung für das Zur-Ruhe-Bringen der psycho-mentalen Bewegungen.
ālasya: Trägheit, Faulheit; eines der Hindernisse auf dem Yogaweg.
anāgata: wörtl. „das noch nicht Gekommene", die Zukunft.
ānanda: Seligkeit, Freude, höchste Wonne. Eine der vier Arten des *saṃprajñāta samādhi* ist mit *ānanda* verbunden.
apavarga: Vollendung, Erlösung, Befreiung vom weltlichen Dasein, vgl. *kaivalya*.
āsana: Sitz, Sitzhaltung, Körperstellung; eines der acht Glieder des Yoga (vgl. *aṣṭāṅga-yoga*).
asmitā: wörtl. »Ich-heit«, »Ich-bin-heit«, Ichbewußtsein. Eine der vier Arten des *saṃprajñāta samādhi* ist mit *asmitā* verbunden.
aṣṭāṅga-yoga: »achtgliedriger Yoga«, der aus acht Stufen bestehende Yogaweg. Diese acht Glieder sind: *yama, niyama, āsana, prāṇāyāma, pratyāhāra, dhāraṇā, dhyāna, samādhi.*
atīta: wörtl. »darüber hinausgegangen«, überstiegen, daher: vergangen; die Vergangenheit (vgl. *anāgata*).
ātman: das Selbst, das im Menschen und in allen Dingen immanent ist.
avidyā: Nichtwissen, existentielle und ontologische Unwissenheit als Ursache der Verwirrungen und Spannungen, das mangelnde Erkennen der Wirklichkeit; auch einer der *kleśas*.
avidyā-khyāti: die verkehrte Schau, die Anschauung des Nichtwissens oder falsche Sicht als Grundübel; sie wird durch ihr Gegenteil *viveka-khyāti* aufgehoben.
avirati: Unbeherrschtheit, Gier; eines der Hindernisse für Yoga.

bhāvanā: von der Wurzel *bhū*, werden: Meditation als Verwirklichung, als Werden.

bhoga: wörtl. Essen, Genuß; dann alles, was den weltlichen Genuß ausmacht, Wohlergehen als innerweltliches Ziel des Menschen, Lebenserfahrung; Gegenbegriff zu Erlösung (*apavarga, mokṣa, kaivalya*).

bhrānti-darśana: verwirrte Anschauung, irrtümliche Ansicht; eines der Hindernisse für Yoga.

bhūmi, bhūmikā: wörtl. Grund, Erde, Ort; Meditationsstufe oder -bereich, Bewußtseinsebene in der Meditation, Grundlage (des Yoga).

bīja: Keim, Same.

buddhi: Intelligenz, Erkennen, die höchste geistige Fähigkeit des Menschen, Erkenntnisorgan.

citta: geistiges und psychisches Organ,»Geist«, die Einheit der seelisch-geistigen Funktionen im Menschen, Denken, Gefühl, (aktives) Bewußtsein als Ort aller inneren Vorgänge.

citta-vṛtti: seelisch-geistige Vorgänge, Bewegungen des Denkens, Gemütszustände, alle inneren Bewegungen der Gedanken, Gefühle und Vorstellungen, psycho-mentale Modifikationen, Fluktuieren des Bewußtseins, »Zerstreuungen«.

citta-vṛtti-nirodha: das Zur-Ruhe-Kommen oder Anhalten der inneren Bewegungen, vgl. *citta-vṛtti, nirodha.*

citi: Geist.

citi-śakti: »Energie der Schau«, Geisteskraft, Erkenntnisvermögen, Fähigkeit der geistigen Schau; das Eigenwesen des *puruṣa.*

darśana: Schau, Vision, Ansicht, Anschauung, auch philosophisches System.

dharma: Eigenschaft; dann kosmisch-religiöse Ordnung, ewiges Gesetz, Tugend, »Religion« usw.

dharma-megha-samādhi: wörtl. die Versenkung, »Wolke der ewigen Ordnung (oder: der Tugend)«, Bezeichnung für die höchste Stufe der Versenkung, die der Befreiung (*kaivalya*) unmittelbar vorausgeht. Dieser Begriff soll andeuten, daß dieser Zustand erfüllt oder trächtig ist mit *dharma* (wie eine Regenwolke das fruchtbare Wasser enthält).

dhyāna: »Meditation«, innere Schau, eine der drei »inneren Stufen« des achtfachen Yogaweges.

dhyānaja citta: wörtl. »aus der Meditation geboren«, Bezeichnung für einen durch Meditation verwandelten Geist (*citta*).

draṣṭā: »der Sehende«, der Seher, Beobachter, das Subjekt; letztlich der *puruṣa.*
dṛśya: »das Gesehene«, das, was man sieht, das Objekt bzw. die äußere Welt (alles, was nicht der »Seher« ist).
duḥkha: Leid, die universale Leidhaftigkeit des Daseins.

ekāgratā: wörtl. (ein Bewußtseinszustand, der) »eines zur Spitze hat«, »auf einen Punkt konzentriert«, die Sammlung des Geistes in einen einzigen Punkt, »In-Eins-Gesammeltsein«, Konzentration (nicht zu verwechseln mit *dhāraṇā*).
eka-tattva: eine einzige Wirklichkeit, Einheit.

guṇa: Eigenschaft, Qualität; die drei Grundeigenschaften der Urnatur (*prakṛti*) im Sāṃkhya (vgl. *sattva, rajas, tamas*), von Deshpande meist übersetzt als »Kräfte« oder »Energien«, insofern es sich um dynamische Bestandteile der Urnatur handelt.
guru: Lehrer, Meister; Gott (*īśvara*).

īśvara: der Herr, Gott.
īśvara-praṇidhāna: Hingabe an den Herrn, völliges Aufgehen in der Hingabe an Gott als einer der Wege zur Versenkung.
japa: Gebet, hörbar oder nur innerlich gemurmelte Wiederholung eines Namens Gottes, eines *mantra* oder der Silbe OM.
jñāna: Erkenntnis, höchste Einsicht, Weisheit.

kaivalya: wörtl. »Isoliertheit«, »Alleinsein«; Zustand der Erlösung und Befreiung, letzte Bloßheit und Freiheit, Losgelöstheit, »Abgeschiedenheit«, »Gelassenheit«, »Für-sich-Sein«.
karmāśaya: die Restbestände der Handlungen (*karma*) in der Psyche, die eine neue Geburt bestimmen.
karuṇā: Mitleid, Barmherzigkeit, eine der vier wichtigsten Tugenden (vgl. *maitrī, mudita, upekṣā*).
khyāti: Anschauung, Erkenntnis, Schau; vgl. *darśana.*
kleśa: leidvolle Spannung, »Bedrückung«, »Leidenschaften« (im alten Sinn der »passiones animae«), Befleckungen oder Unreinheiten der Seele, im Yoga gibt es fünf (vgl. *avidyā, asmitā, rāga, dveṣa, abhiniveśa*).
krama: Stufe, Folge, Reihenfolge, zeitliche Abfolge von Augenblicken.

kriyā-yoga: Yoga der Werke, der heiligen Handlungen, bestehend aus Askese, Studium und Hingabe an Gott.
kṣaṇa: Augenblick, Moment.

maitrī: Liebe, universelle Freundschaft, Güte, Freundlichkeit zu allen Wesen; eine der vier Grundtugenden (vgl. *karuṇā, mudita, upekṣa*).
mantra: Gebetsformel, heiliges und mächtiges Wort.
mokṣa, mukti: Erlösung, Befreiung (im Yoga *kaivalya*).
mudita: Freude, Heiterkeit; eine der vier Grundtugenden (vgl. *maitrī, karuṇā, upekṣā*).

nidrā: Schlaf.
nirbīja samādhi: wörtl. »keimlose Versenkung«, Versenkung »ohne Samen« (d. h. vielleicht ohne Grundlage und Gegenstand), die wieder neue Bewegungen im Bewußtsein hervorrufen könnten. Vgl. *asaṃprajñāta samādhi.*
nirodha: Anhalten, Stillegung, Zur-Ruhe-Kommen, Aufhebung, meist mißverständlich übersetzt durch »Unterdrückung« (vgl. *citta-vṛtti-nirodha*).
niyama: Selbstbeherrschung, fünffache innere Zucht oder Disziplin; das zweite der acht Yogaglieder (vgl. *yama*).

OM: heilige Silbe, vgl. *praṇava.*

pariṇāma: Verwandlung, Umwandlung.
prajñā: Weisheit, Erkenntnis.
prakāśa: »Licht«, Erleuchtung; im Yoga-Sūtra eine Eigenschaft der Wirklichkeit, die dem *sattva-guṇa* des Sāṃkhya entspricht.
prakṛti: Urnatur, Urmaterie, gramm. fem., eines der zwei Grundprinzipien im Sāṃkhya (vgl. *puruṣa*).
prakṛtyāpūra: das Überströmen oder der Fluß der Urnatur.
pramāda: Unbesonnenheit, Nachlässigkeit, Irrtum; eines der Hindernisse für Yoga.
pramāṇa: Wissen mit Hilfe gültiger Erkenntnismittel, logisches Erkennen; Mittel der Erkenntnis.
prāṇa: Atem.
prāṇāyāma: Atemregelung, Kontrolle der Atemtätigkeit durch Rhythmisierung und Verlangsamung; eines der acht Glieder des Yoga.
praṇava: die heilige Silbe OM.

prasāda: Abgeklärtheit, Transparenz; Gnade, Güte, Huld, Heiterkeit, Anmut.
pratiprasava: »Gegenströmung«, Zurückströmen, Rückkehr in den Ursprung.
pratiṣṭhā: Feststehen, Grund, Grundlage; Ruhezustand.
pratyāhāra: Zurückziehen der Sinne (von den Objekten), das Nach-innen-Nehmen der nach außen strebenden Bewegung der Sinnesorgane; eines der acht Yogaglieder.
pratyaya: Vorstellung, Begriff, Erfahrung.
puruṣa: wörtl. Mensch; Geist, Geistseele, das höchste geistige Prinzip, »innerer Mensch« oder »ursprünglicher Mensch«, das Selbst; im Sāṃkhya eines der beiden Grundprinzipien (vgl. *prakṛti*).

rāga: Leidenschaft, Anhänglichkeit, Verhaftung; einer der *kleśas*.
ṛta: ewige Ordnung, kosmisches Gesetz, Wahrheit (vedisch).

sabīja samādhi: »keimhafte« Versenkung, vgl. *saṃprajñāta samādhi* (vgl. auch *nirbīja*).
sādhana: spirituelle Methode, geistiger Weg, Übung, Verwirklichung (des Zieles).
samādhi: wörtl. die Verbindung, Vereinigung, Erfüllung, Vollendung; die höchste Stufe des achtfachen Yogaweges und das Ziel der Meditation: das völlige In-sich-Ruhen, Versenkung, »Enstasis«.
samāpatti: wörtl. das In-Eins-Fallen, das Zusammentreffen; eine Art der Betrachtung, die sich den Gegenstand der Kontemplation vollkommen aneignet, ihn völlig durchdringt. Diese Betrachtung gehört zum *saṃprajñāta samādhi*.
saṃprajñāta samādhi: eine Art der Versenkung, die noch mit einem Gegenstandsbewußtsein verbunden ist, »erkenntnismäßige« Versenkung, die sich noch auf ein Objekt oder einen Gedanken stützt, als Vorstufe für den *asaṃprajñāta samādhi*.
saṃśaya: Zweifel; eines der Hindernisse für Yoga.
saṃskāra: unterbewußte Eindrücke, die von inneren und äußeren Aktivitäten in der Psyche hinterlassen werden.
saṃtoṣa: Zufriedenheit, Genügsamkeit, innere Ruhe, Heiterkeit, einer der *niyamas*.
saṃyama: wörtl. Sammlung, das Zusammenhalten, auch Selbstbeherrschung; umfassender Begriff für die Gesamtheit der drei letzten Yogaglieder *dhāraṇā*, *dhyāna* und *samādhi*, die eng zusammenhängen.

saṃyoga: Verbindung, Kontakt; die fälschliche Verbindung zwischen dem »Seher« (*puruṣa*) und dem »Gesehenen« (der Welt, bzw. *prakṛti*, oder dem *citta*).

śānta: still, friedlich, befriedet.

sattva: Reinheit, Güte; eine der drei Eigenschaften (*guṇa*) der Urnatur (*prakṛti*) im Sāṃkhya, im Yoga auf das *citta* bezogen.

śauca: Reinheit, Reinigung; sowohl äußere wie innere Läuterung als einer der *niyamas* (vgl. *śuddhi*).

siddhi: Vollkommenheit, Erlangung; wunderbare Kräfte, übersinnliche Fähigkeiten (wie z. B. die Fähigkeit, sich »atomklein« zu machen, usw.), die der Yogi auf einer gewissen Stufe erlangt, die er aber übersteigen muß.

smṛti: Erinnerung, Gedächtnis.

śraddhā: Vertrauen, Glaube.

sthiti: Beständigkeit, Festigkeit, Beharrung, Trägheit; eine der drei Eigenschaften der Natur (entspricht im Sāṃkhya *tamas*).

styāna: Starrheit, Trägheit, Stumpfheit; eines der Hindernisse für Yoga.

śuddhi: Reinigung, Reinheit; vgl. *śauca*.

sūkṣma: subtil, feinstofflich.

sūtra: wörtl. Faden; Leitfaden, Aphorismus, kurzer Merkspruch, ein Werk, das aus kurzgefaßten Leitfäden besteht.

svādhyāya: wörtl. eigenes Studium; Studium der heiligen Schriften (meist des Veda); eine der drei Erfordernisse des *kriyā-yoga*.

svarūpa: wörtl. eigene Gestalt, Eigenwesen; Wesensidentität, »Selbst-Sein«.

tapas: innere Hitze oder Energie, Askese, Intensität des Strebens; eines der drei Erfordernisse des *kriyā-yoga*.

upekṣā: Gleichmut, Indifferenz, Geduld; eine der vier wichtigsten Tugenden (vgl. *maitrī, karuṇā, mudita*).

vairāgya: Loslösung, Verzicht, Entsagung, Indifferenz, Leidenschaftslosigkeit, das Nicht-an-den-Dingen-Hängen (Gegensatz: *rāga*); gemeinsam mit *abhyāsa* Bedingung für das Zur-Ruhe-Bringen der psychomentalen Bewegungen (*citta-vṛtti-nirodha*).

vāsanā: unbewußte Eindrücke in der Psyche, die in engem Zusammenhang mit der Erinnerung stehen; latente, unterbewußte Empfindungen, die immer wieder *vṛttis* hervorbringen und daher das schwierigste Hindernis für Yoga darstellen (vgl. *saṃskāra*).

vaśīkāra: Beherrschung, geistige Meisterung.

vastu: Ding, Sache; Realität, Wirklichkeit, »Objektivität«.

vibhūti: wunderbare Kräfte, vgl. *siddhi*.

vicāra: eine Art der subtilen Überlegung, Erwägung, inneres Forschen; *savicāra samādhi* ist eine Art des *sabīja samādhi*.

vikalpa: Vorstellung, begriffliches Denken; eine der fundamentalen *citta-vṛttis*.

viparyaya: Irrtum; eine der fundamentalen *citta-vṛttis*.

viṣaya: Gegenstand, Objekt.

vitarka: Nachdenken, Reflektieren; *savitarka samādhi* gehört zum *sabīja samādhi*.

viveka: Unterscheidung, geistige, existentielle und metaphysische Fähigkeit, zwischen Nicht-Ewigem und Ewigem usw. zu unterscheiden.

viveka-khyāti: Unterscheidungsschau, unterscheidende Erkenntnis, Einsicht in den Wesensunterschied zwischen dem geistigen *puruṣa* (dem »Seher«) und dem *citta* (als dem »Gesehenen«).

vṛtti: Bewegung, Tätigkeit, Funktion, Befindlichkeit, Zustand, vgl. *citta-vṛtti*.

vṛtti-sārūpya: Gleichheit mit den *vṛttis*, Übereinstimmung oder Identifizierung der Psyche und des Denkens mit ihren Tätigkeiten und Bewegungen.

yama: moralische Bezähmung, fünffache äußere Disziplin, das erste der acht Yogaglieder (vgl. *niyama*).

yoga: von der Wurzel *yuj*, verbinden, vereinigen, »anjochen«: geistige Disziplin, Methode der Meditation, Vereinigung, Verbindung (mit dem Gegenstand der Meditation).